交通基础设施防灾减灾导论

主　编　孙晓丹　黄艺丹
副主编　李永乐　杨长卫　王　建　刘　钰
编　委　于　丽　向活跃　魏　凯　赵　雷
常志旺　魏江涛　王玉锁　程　印　齐　欣

西南交通大学出版社
·成　都·

图书在版编目（C I P）数据

交通基础设施防灾减灾导论 / 孙晓丹，黄艺丹主编
. —成都：西南交通大学出版社，2021.1
ISBN 978-7-5643-7929-2

Ⅰ. ①交… Ⅱ. ①孙… ②黄… Ⅲ. ①交通运输建设
–基础设施建设–灾害防治–中国 Ⅳ. ①F512.3

中国版本图书馆 CIP 数据核字（2020）第 270880 号

Jiaotong Jichu Sheshi Fangzai Jianzai Daolun

交通基础设施防灾减灾导论

主　编 / 孙晓丹　黄艺丹

责任编辑 / 姜锡伟
封面设计 / GT 工作室

西南交通大学出版社出版发行
（四川省成都市金牛区二环路北一段 111 号西南交通大学创新大厦 21 楼　610031）
发行部电话：028-87600564　　028-87600533
网址：http://www.xnjdcbs.com
印刷：成都蓉军广告印务有限责任公司

成品尺寸　185 mm × 260 mm
印张　9　　字数　191 千
版次　2021 年 1 月第 1 版　　印次　2021 年 1 月第 1 次

书号　ISBN 978-7-5643-7929-2
定价　28.00 元

课件咨询电话：028-81435775
图书如有印装质量问题　本社负责退换

前言 Preface

交通基础设施是国民经济发展的重要基础和先行官，随着国家西部大开发战略和“一带一路”倡议的持续推进，交通基础设施建设和安全运营成为重中之重。我国西部和“一带一路”沿线地域辽阔，自然环境差异大，灾害类型多样、分布广泛、活动频繁、危害严重，对重大基础设施布局和安全影响巨大。科学地认识灾害的发生、发展规律，普及交通基础设施防灾减灾知识，是交通、土木专业基本素质教育的重要新任务。

本教材参考中国地震局胡聿贤院士《地震工程学》、清华大学江见鲸教授等《防灾减灾工程学》、同济大学李杰和李国强教授《地震工程学导论》、哈尔滨工业大学陶夏新教授《地震工程学》讲义、姚令侃教授的《防灾减灾工程学导论》讲义及中国高速铁路地震安全技术研发组的部分成果，增补汶川地震次生山地灾害工程实例，并考虑本科生前期知识基础增删成书，可作为土木、交通专业本科生灾害科普和通识教育的阅读参考。

全书 6 章，分别从绪论、地震灾害、其他地质灾害、水灾、风灾和火灾角度，介绍各类灾害的成因、典型交通基础设施灾害案例以及相应的防灾减灾工程对策。本教材的编写组，由来自西南交通大学土木工程学院不同专业的教师组成。其中，第 1 章由刘钰编写，第二章由李永乐、孙晓丹、杨长卫、王建、魏凯、于丽、常志旺、王玉锁共同编写，第 3 章由黄艺丹、赵雷、魏江涛、程印、齐欣共同编写，第 4 章由黄艺丹和王建共同编写，第 5 章由向活跃主编写，第 6 章由于丽和黄艺丹共同编写完成。后期校稿、文整包含了西南交通大学土木工程学院防灾减灾研究所部分研究生的辛勤工作，在此向为本教材成稿付出辛苦的各位老师、同学表示深深谢意！

本教材参考和引用了大量国内外其他研究者的研究成果，编者尽可能地在全书后面的参考文献中列出，但也不免有遗漏，在此对广大研究者和同仁一并表示感谢。由于编者水平有限，书中疏漏在所难免，恳请广大读者批评指正，编者将十分感激并将在今后的研究中不断改进与完善。

编　者

2020 年 11 月

目录 Contents

第1章

概　论

1.1　交通基础设施涵盖的内容

基础设施是指为社会生产和居民生活提供公共服务的物质工程设施，是用于保证国家或地区社会经济活动正常进行的公共服务系统。基础设施不仅包括公路、铁路、机场、通信、水电煤气等公共设施，即工程性基础设施，还包括教育、科技、医疗卫生、体育、文化等社会事业，即社会性基础设施。一般所讲的城市基础设施，多指工程性基础设施，主要包括：

（1）能源供应设施：包括电力、煤气、天然气、液化石油气和暖气等设施。

（2）供水排水设施：包括自来水厂、供水管网、排水和污水处理设施。

（3）交通运输设施：特指为居民出行和社会产品运输提供交通服务的工程设施，包括航空、铁路、航运、道路、桥梁、隧道、地铁、轻轨高架、公共交通、出租汽车、停车场、轮渡以及配套设施等。

（4）邮电通信设施：包括邮政、固定电话、移动电话、互联网、广播电视等。

（5）环保环卫设施：包括园林绿化、垃圾收集与处理、污染治理等。

（6）防灾安全设施：包括消防、防汛、防震、防风、防空等。

其中，交通运输是国民经济中基础性、先导性、战略性产业，是重要的服务性行业。交通基础设施是国民经济发展的重要基础和先行官，也是国家现代化程度的重要标志。构建现代综合交通运输体系，是适应把握引领经济发展新常态，推进供给侧结构性改革，推动国家重大战略实施，支撑全面建成小康社会的客观要求。现代综合交通体系，包括铁路、公路、水运、航运和管道 5 个运输子系统。建设现代综合交通运输体系，就是建立我国交通基础设施最高层次的空间网络，包括铁路、公路、水运、民航、管道等各种运输方式的主要通道和节点，形成一张布局完善、规模合理、结构优化、资源集约、衔接高效、互联互通的海陆空骨架网络。

“十二五”时期，我国各种交通运输方式快速发展，综合交通运输体系不断完善。交通运输基础设施累计完成投资 13.4 万亿元，高速铁路营业里程、高速公路通车里程、城市轨道交通运营里程、沿海港口万吨级及以上泊位数量均位居世界第一，交通运输基础设施网络初步形成。铁路、民航客运量年均增长率超过 10%，铁路客运动车组列车运量比重达到 46%，城际、城市和农村交通服务能力不断增强，现代化综合交通枢纽场站一体化衔接水平不断提升。特别是铁路，作为国民经济大动脉、关键基础设施和重大民生工程，是综合交通运输体系的骨干和主要运输方式之一。“十二五”时期，我国铁路改革发展成效显著，基础设施建设持续加快，运输能力大幅提升。到 2016 年，我国高铁里程已超过 2.2 万千米，“四纵四横”高速铁路基本建成。2017 年，国务院发布了《“十三五”现代综合交通运输体系发展规划》。到 2020 年，基本建成安全、便捷、高效、绿色的现代综合交通运输体系，部分地区和领域率先基本实现交通运输现代化。表 1-1 列出了不同的基础设施在“十三五”期间发展主要指标的对比。预期到 2020 年，综合交通网总里程达到 540 万千米左右；铁路营业里程达到 15 万千米，高速铁路营业里程达到 3 万千米，覆盖 80%以上的城区常住人口 100 万以上的城市；公路通车里程达到 500 万千米。实际上，到 2020 年，全国铁路营业总里程已超过 15 万千米，完成了既定目标；高铁目前运营总里程达到 3.5 万千米，已经超过 3 万千米的目标，占世界高铁总里程 2/3 以上，居世界第一；公路方面增加约 42 万千米，新建、改建高速公路的通车里程达到 26 000 km，基本覆盖人口 20 万以上的城市。

表 1-1　“十三五”综合交通运输发展主要指标

指标名称		2015 年	2020 年	属性
基础设施	铁路营业里程/万千米	12.1	15	预期性
	高速铁路营业里程/万千米	1.9	3.0	预期性
	铁路复线率/%	53	60	预期性
	铁路电气化率/%	61	70	预期性
	公路通车里程/万千米	458	500	预期性
	高速公路建成里程/万千米	12.4	15	预期性
	内河高等级航道里程/万千米	1.36	1.71	预期性
	沿海港口万吨级及以上泊位数/个	2 207	2 527	预期性
	民用运输机场数/个	207	260	预期性
	通用机场数/个	300	500	预期性
	建制村通硬化路率/%	94.5	99	约束性
	城市轨道交通运营里程/km	3300	6000	预期性
	油气管网里程/万千米	11.2	16.5	预期性

本书中的交通基础设施主要面向与人们日常出行相关度更高的公路和铁路交通基

础设施，具体包括既有线路（路基、桥隧建筑物、轨道）、车站、信号设备、机车、车辆、通信设备等运输基础设备以及安全监控、检测、自然灾害预报与防治、事故救援等运输安全技术设备。因此，本书中所涉及的交通基础设施防灾减灾，也主要针对公路、铁路既有线路，介绍不同灾害下的成灾过程及防灾对策。

1.2　交通基础设施建设与区域经济发展

区域经济是在一定地理条件或经济条件相对性非常高的地区间，形成经济发展共同体，而产生的一系列经济关系的总和。如果一个地区的区域经济本身比较落后，但它的交通状况很好，与外界的连通性很好，那么就可以通过开展外贸、吸引外资的方法提升区域经济。这就合了中国的一句老话“要致富先修路”。人类本身的活动，人与人之间的交流，人与自然的沟通，都需要便捷的交通，正所谓天地交而万物通。

西汉时期，张骞出使西域开辟了以长安（今西安）为起点，经甘肃、新疆，到中亚、西亚，并联结地中海各国的陆上通道。汉武帝以后，西汉的商人还常出海贸易，开辟了海上交通要道。中国的丝绸通过横贯大陆的陆上交通线大量输往中亚、西亚和非洲、欧洲国家，同时也通过海上交通线源源不断地销往各国。德国地理学家李希霍芬将横贯东西的陆上交通路线命名为丝绸之路。古代丝绸之路构建了古代东西方世界相互连通的交通网络，成为亚欧大陆之间最为便捷的通道，极大地促进了商品大流通，率先实现了东西方商贸互通和经济往来。通过丝绸之路，我国的丝绸、茶叶、瓷器、漆器等商品源源不断地输出到沿线国家；来自中亚、西亚以及欧洲的珠宝、药材、香料以及葡萄、胡麻、胡桃、胡萝卜、胡瓜等各类农作物络绎不绝地进入我国。古代丝绸之路促进了科学技术的交互传播，推动了沿线国家的生产进步乃至社会变革。正是欧洲工业革命之前，火药、指南针、印刷术等技术通过丝绸之路相继传入西方，成为推动资本主义生产方式变革的重要因素，马克思称之为“预告资产阶级社会到来的三大发明”。

与之类似的还有贯穿我国东部的京杭大运河，于公元前 486 年开凿修建（邗沟），经隋、元两代大规模扩展，公元 1293 年全线通航。京杭大运河的开凿，使得航道两岸有了丰富的水源，贫瘠的土地经河水灌溉变成良田沃土，长近 2 000 km 的流程上修建了无数的码头、集市，中外的商人都通过京杭大运河贩运货物，城市之间的商贸日益频繁、发达。唐代文学家皮日休谓之曰“北通涿郡之渔商，南运江都之转输，其为利也博哉！”《宋史 · 河渠志》中记载：“汴水横亘中国，首承大河，漕引江、湖，利尽南海，半天下之财富，并山泽之百货，悉由此路而进。”时至今日，我国东部地区相对富庶，京杭大运河的开通和地理位置的便利，是非常重要的因素。

相比之下，我国西部地区由于地形艰险、交通不便，长久以来处于经济落后的状况。以西藏为例，新中国成立前，西藏 120 多万平方千米的土地上，没有一条正式公路。从外地进藏少则个把月，多则一两年。在新中国成立后，西藏险恶的交通条件成为和平解放西藏的一大难题。当时解放军从云南、青海、新疆等省区多路向西藏进军，但遭遇到了严重的后勤保障问题。部队需要的武器弹药、粮食给养的运输遇到很大困难，甚至发生过由于粮食给养供应不上导致军人冻饿至死的事件。20 世纪 50 年代，人民解放军和西藏人民经过千难万险，开始着手修建进藏交通线。限于新中国刚成立时期的国力，同时考虑到公路的结构适应性比较好，对环境因素影响的调整能力很强，修建起来也比铁路快、难度小，因此公路成为进藏交通的首选。1954 年 12 月 25 日，汽车有史以来第一次开进西藏，结束了西藏 2000 多年不通公路、人背畜驮的运输时代。但是相比公路运输来说，铁路运输运量更大，运输连续性非常好，载客量和载货量都远超公路和航空运输。出于军事和政治需求，党中央、国务院同时期批准铁道兵部队开始修建青藏铁路。青藏铁路北起青海西宁，西至拉萨，全长 1 972 km，于 2006 年 7 月 1 日全线通车。青藏铁路途经长达 550 km 的全年冻土地区，沿线海拔高于 4 000 m 的地方有 960 多千米，施工难度非常艰巨，是举世瞩目的伟大工程成就。除青藏铁路外，还有三条进藏大动脉，分别是川藏铁路、滇藏铁路和新藏铁路。川藏铁路全长 1 774 km，连接四川和西藏自治区，是西南地区干线铁路之一，采用新建新线和旧线合并的方式，分期分段建设。滇藏铁路是从云南昆明到西藏拉萨的一条铁路，是东南方向进藏的重要路线。滇藏铁路全长 2 013 km，也采取分段建设的方式，由昆广铁路、楚大铁路、大丽铁路、丽香铁路等组成的。新藏铁路北起新疆叶城，南至西藏日喀则市及拉萨市，全长 1 500 km。2018 年 11 月，新藏铁路和田至拉孜段被列入西藏自治区中长期（2021—2030 年）铁路网发展规划，未来建成后，将会成为连接新疆和西藏的交通要道以及中国西北和西南地区的铁路大动脉，对于加强新疆和西藏经济、文化、旅游等方面的交流有重要的作用。这四条进藏大动脉分别承担着不同方位、区域的经济往来任务。青藏铁路主要承担华北、东北、西北部分地区与西藏的客货交流，吸引区面积 $512\times10^4\ km^2$，总人口 3.6 亿人。川藏铁路主要承担川渝地区、贵州、华中、华东及部分华南地区与西藏的客货交流，远期还将承担南疆地区与川渝地区、华中、华东地区的客货交流，吸引区面积 $259\times10^4\ km^2$，总人口 8.0 亿人，平均人口密度高达 363 人/km^2，是人口最为密集的地区。滇藏铁路主要承担云南、攀西地区以及华南部分地区与西藏的客货交流，吸引区面积 $90\times10^4\ km^2$，总人口 2.1 亿人。新藏铁路主要承担南疆地区与西藏的客货交流，吸引区面积 $100\times10^4\ km^2$，总人口 1187 万人。

进藏交通大动脉的修建，对于落实“一带一路”倡议与“长江经济带”国家发展战略，完善区域路网布局，增强交通运输保障能力，维护民族地区安定团结，促进西藏经济又好又快发展，提高藏区人民生活水平，都具有十分重要的意义。进藏铁路能够借助东部经济力量，支援西部大开发，拉动西部地区经济的腾飞。特别是川藏铁路的修建，将打通中国长江经济带与南亚陆路经贸通道，促进四川和西藏地区对外开放。同时，进藏铁路的修建，对于维护民族团结和社会稳定意义重大。西藏、新疆都毗邻国界，西藏西部紧邻中印边境。虽然我国已经修建有川藏公路作为重要的国防干线，但公路运输能力仍相对有限。修建铁路运输动脉，将大幅度增加国防物资运送能力，配合拉萨和日喀则的航空运输力量，在战时可实现约 24 h 内调集 2 个装甲师到藏南第一线。可以说，进藏铁路除经济效益外，更有重大的战略意义，对维护民族团结、边境地区稳定、增强国防的作用是巨大的。

为了提高铁路运力，我国铁路 10 年间曾进行 6 次大提速。提速前，客车平均速度只有 49.5 km/h，货车仅 30.5 km/h，运输最繁忙、线路质量最好的京沪、京广、京哈三大干线，旅客列车的最高时速也只有 100 km 左右。2007 年第六次提速后，全路能够开行时速 120 km 旅客列车的线路已达到 18 条、累计 2.2 万千米。其中，最高时速达 160 km 及以上的线路有 1.4 万千米，时速达 200 km 及以上的线路超过 6 000 km，时速达 250 km 的线路达 846 km。随后时速 200 km 以上的国产动车组大批闪亮登场，规模空前，使中国铁路的客货运能力大幅增长。图 1-1 就是京沪高铁线路上运行的复兴号列车。京沪高铁全长 1 318 km，2011 年 6 月 30 号开通运营，是世界上第一条商业运营时速达到 350 km 的高速铁路，其最高运营时速达到 486.1 km，是中国高铁速度的代表。京沪高铁的开通，使北京和上海两地的交通时间从以往的十几二十个小时缩短至 4 个多小时，大大加强了一北一南两个经济中心之间的连通性。

图 1-1　京沪高铁线路上运行的复兴号列车

不过，交通网络的布建、交通基础设施的发展，在拉动区域经济的基础上，必须注意区域协调性，比如与区域生态环境或已有建筑、交通设施之间的协调性。比如，青藏铁路是世界上跨越自然保护区距离最长、数量最多的铁路，穿越了青海可可西里国家级自然保护区、青海三江源国家级自然保护区和西藏色林错自然保护区。这里生活着藏羚羊、盘羊等大量珍稀的草原动物，这些动物活动范围大，取食、饮水、繁殖配对等都需要进行大规模、长距离的迁移。为了尽量减小铁路的修建对野生动物的影响，青藏铁路途经野生动物区时采取了以桥代路或改造路基等措施，修建野生动物通道 33 处。以桥代路还可以节约土地资源，京沪高铁就是一个典型的例子。京沪高铁全线 288 座桥梁，桥梁总长度占线路总长度的 81.5%。其中，最长的丹昆特大桥长达 100 多千米。通过以桥代路，可避免和其他交通线直接相交，减少对其他交通线的干扰，提高运营速度，保障安全。另外，京沪线跨越我国东部多个省份，包括苏州、无锡、南京、上海等城市在内，修建桥梁相对修筑填方路基每千米可节约土地约 36.7 km^2，京沪全线就可节约大约 33.3 km^2 宝贵的土地资源。此外，从工程角度上讲，东部沿海地区水资源丰富，要使天然路基自然地达到稳定，收敛时间往往很长，也容易产生不均匀沉降。而桥梁通常建在桩基础上，基础下部稳定在岩石等持力层上，几乎不考虑沉降的问题，所以建造速度快，也更加稳定。

正是由于交通网络发展对区域经济的巨大连通和促进作用，我国从很早就开始规划、打造横贯东西、纵贯南北、内畅外连的全国性综合交通大枢纽，“十纵十横”国内综合运输大通道以及国际陆路、海上运输通道。2013 年 9 月、10 月，国家主席习近平在访问哈萨克斯坦和印度尼西亚期间，先后提出丝绸之路经济带和 21 世纪海上丝绸之路的发展倡议，简称“一带一路”。“一带一路”横跨三大洲，贯通东亚、东南亚、南亚、中亚、独联体、西亚北非和中东欧 7 大区域，涵盖 66 个国家，总人口约 44 亿，经济总量约达 21 万亿美元。中国倡导的“一带一路”倡议，以“政策沟通、设施联通、贸易畅通、资金融通、民心相通”为合作重点，秉承“和平合作、开放包容、互学互鉴、互利共赢”的丝路精神，坚持共商、共建、共享原则，深化沿线国家全方位务实合作，拓展共同发展空间，打造政治互信、经济融合、文化包容的利益共同体、命运共同体和责任共同体。这一跨越时空的宏伟构想，融古通今、连接中外，顺应和平、发展、合作、共赢的时代潮流，承载丝绸之路沿途各国发展繁荣的时代梦想，赋予了古老丝绸之路以崭新的时代内涵。

“一带一路”的核心内容，就是要促进基础设施建设和互联互通。“一带一路”沿线与中国的交通联通度整体需要进一步提升，特别是铁路联通度处于较低水平；国际铁路市场需求旺盛，公路和铁路设施的平均得分率远低于航空和海运。大部分沿线国家要么铁路设施严重短缺，要么线路年久失修、运载能力很差。比如越南想把国内一条铁路改造成高铁，希望几个小时就能够从河内到达胡志明市，但原线路为窄轨区，轨距只有 1 m 左右，改造起来难度很大。俄罗斯想修建高速铁路，但缺乏修建高铁的经验，只能寻求中国帮助，修建莫斯科到喀山的高铁。莫斯科—喀山高铁长约 770 km，设计时速 400 km。2015 年 6 月 18 日，中俄正式签署首条高速铁路的规划设计合同，成为中国高铁走出国门的第一单。此外还有泛亚铁路中通道，是我国连通中南半岛的最便捷路径，自昆明经老挝万象、泰国曼谷、马来西亚吉隆坡，终于新加坡，全长约 3 900 km，包括中老铁路、中泰铁路、马新高铁等。目前，中老铁路磨憨至万象段进展顺利，制约工期的隧道施工已经有 49 座 107 个工作面正式进洞，桥梁路基车站也已全面开工。马新高铁也正在积极组织招标工作。

各大洲共建“一带一路”沿线国家都在现有铁路里程基础上，提出了规划铁路里程，其中高铁规划里程更是达到 5.8 万千米。我国铁路“走出去”建设项目也正在稳步推进，积极参与境外基础设施建设，采用工程承包方式完成境外铁路项目 47 个，约 8 000 km，正在境外建设铁路项目 81 个，约 1.7 万千米，覆盖欧、亚、非、拉美等大洲。在未来，这些交通线路的建成，会加速中国和共建“一带一路”沿线国家的政治互信、经济融合和文化包容。

1.3 交通基础设施灾害损失与防灾保障

突发的自然灾害，如洪水、泥石流、滑坡等，可能导致工程结构意外损毁。一次大地震可能在数十秒时间内将一座城市夷为平地，使交通、通信、供电、供水等生命线工程中断。而交通基础设施一旦出现故障，将直接造成交通运输系统瘫痪，影响紧急资源的运输和应急救援工作。全球每年因自然灾害造成的公路和铁路基础设施损坏，成本平均约 146 亿美元。

我国幅员辽阔，自然灾害种类多、发生频率高。东部季风区，华北、西南和东南沿海，都是自然灾害多发区。特别是西南地区，印度洋板块向欧亚板块俯冲，使得该区域构造活跃、强震多发。青藏高原地区显著的地势高差和急剧的气候差异，也导致滑坡、崩塌、泥石流、山洪、冰湖溃决等灾害极度发育，严重影响交通线路的展布和路基边坡的稳定性。以川藏线为例，线路穿越龙门山地震带、甘孜炉霍地震带、雅鲁藏布江地震带，都是我国活跃的地震带，地震烈度大多在 8 度以上，近百年来均有特大地震发生。西藏察隅地区在 1950 年就曾发生过 Ms 8.5 级地震；2008 年汶川发生 Ms 8.0 级地震，同时触发 2 万多处崩塌滑坡，毁坏交通设施。崩塌滑坡体堆积在河道中，进而又形成堰塞湖，威胁河道下游生命财产安全。川藏线途经的帕隆藏布沿线，长达 271 km，有灾害点 399 处，危及长度 71.63 km。线路段上频繁发生滑坡、崩塌、泥石流等山地灾害，使得沿江线路路况日益恶化，车毁人亡事件频繁发生，阻车断道现象十分严重，在 20 世纪 80 年代每年阻断交通时间长达半年之久，被称为世界上最危险的路段。图 1-2 展示的是川藏公路 102 滑坡整治前的交通状况。此外，川藏线途径的藏东南和川西地区，属于海洋性冰川区冰雪活动，对全球气候变化非常敏感。气候变暖使得冰雪消融加剧，促使冰湖溃决，形成超常规模的冰湖溃决泥石流，或者冰湖溃决洪水，对河谷线路造成毁灭性的破坏。图 1-3 为培龙沟泥石流冲毁桥梁。1988 年 7 月，波密县米堆沟爆发冰湖溃决泥石流，溃决洪水席卷沟内的米堆村，堵塞帕隆藏布江，冲毁川藏公路，断道长达半年之久。2000 年 4 月 9 日，波密县易贡藏布扎木弄沟积雪融化，引发了巨型高速远程滑坡，堵塞了易贡藏布江，形成长约 2 500 m、高约 80 m 的“大坝”。2000 年 6 月 11 日，堰塞坝发生溃决，水位涨幅达到了 55.36 m，最大洪峰流量达到 1.24×10^5 m^3/s。下游的帕隆藏布河、雅鲁藏布江沿岸 40 多年以来陆续建成的各种桥梁、道路、通信设施都毁于一旦，甚至波及了印度，产生了巨大损失。

图 1-2　川藏公路 102 滑坡整治前

图 1-3　培龙沟泥石流冲毁桥梁

可以说，穿行于地震活跃区和复杂山区的交通干线、基础设施，其线路走向、局部定线、路基工程、桥隧设计等均受环境灾害的影响。交通基础设施往往投入巨大，建设周期长。如果所在区域地质条件复杂，频繁发生地震、泥石流、滑坡、水毁、风灾等灾害，不仅为工程建设带来极大困难，还容易导致作为串联交通系统的交通干线断道，引起全线瘫痪，道路运营举步维艰。因此，交通基础设施的规划、建设、运营，必须面对几个重要的问题：

（1）交通基础设施所在区域都存在哪些典型灾害，这些灾害的成灾原因和致灾特点是什么？

（2）面对灾害风险，交通基础设施防灾减灾的主导思想和有效举措是什么？

这两点也是本书中介绍各灾种时的内容架构。总的来说，对灾害成因、典型致灾案例、工程防治举措等内容的了解，是交通基础设施建设和安全运营的必备知识，对交通基础设施科学减灾具有非常重要的意义，也是今后深入学习各种交通基础设施防灾设计的先导。

第2章

交通基础设施地震灾害及其防治

2.1 地震学基本知识

2.1.1 地震的成因及类型

在古代科学技术不够发达的时候，人们对于地震的很多解释都有神话背景。比如日本就认为地震是大地中的大鲶鱼翻身所为。传说大鲶鱼横卧在日本全国的地下，首尾在鹿岛相接，鹿岛的大明神用钉子把大鲶鱼的首尾定住，这个钉子就叫作要石。传说就是因为要石镇住了大鲶鱼，所以鹿岛这个地方很少发生地震。早在希腊科学发展的早期，实践者们已经开始考虑用地震的物理原因来取代民间传说和神话提示。比如希腊学者亚里士多德，他认为地球内部有一团中心火，地下的洞穴就像暴风雨产生闪电一样，也会产生火。火在快速上升的过程中，如果遇到岩石的阻碍，就会强烈地爆破岩石，引起震动和声响。中心火的观点直到18世纪，都是广泛地被人们接受的。后来随着地震学、地质学、古生物学的发展，地震的成因才开始有了比较科学的解释。

目前认为，地震的类型主要分为天然地震和诱发地震。在天然地震里主要包括构造地震和火山地震。诱发地震主要包括水库地震、塌陷地震、人工地震等等。在这些地震类型里，与人类息息相关的是构造地震，世界上90%以上的地震都属于构造地震，类似于汶川地震、日本“3·11”大地震、福岛地震这一类破坏性的地震，都是构造地震。

要了解构造地震的成因，首先必须了解地球的构造。地球从外向内分为地壳、地幔和地核，地壳和地幔之间的分界面称为莫霍间断面，地幔和地核之间的间断面称为古登堡间断面。如果拿一个鸡蛋来比喻的话，地壳就像是鸡蛋的壳，我们踩在大地上，认为脚下的大地很坚硬，其实和地幔比起来，地壳是又薄又脆的。全球绝大部分的地震都发生在地壳深度范围内，当然在上地幔深度范围内也是存在地震的。

德国科学家魏格纳的大陆漂移学说认为地球上所有的大陆在中生代以前是统一的一块大陆，称为泛大陆。自中生代之后开始逐渐漂移，形成今天它们所在的位置。漂移到今天全球的地壳主要分为六大板块，包括太平洋板块、欧亚板块、印度洋板块、美洲板块、非洲板块，还有南极洲板块。板块与板块之间既可能存在相互背离的拉张作用，也有可能存在相互挤压的作用。这种板块之间的作用表现在地表上就会形成不同的地貌状态。比如：在海底板块之间的拉张作用会形成洋脊，也叫海岭，也就是一种海底山脉；在大陆区域板块间的拉张作用可能形成的是断裂谷，那么板块之间的挤压作用，在海洋与陆地交接的位置可能形成海沟和火山。因为海洋部分的地壳相对于古老大陆的地壳要薄，当二者相互挤压的时候，海洋一侧的板块就会弯曲俯冲到大陆板块下方。所以在海洋这一侧会观察到海沟，而在大陆那一侧会观察到火山。当两个大陆板块相互挤压的时候，一般不会出现这种俯冲现象，二者是持续相互挤压，形成局部地区的一个造山运动。

那么，这种促使板块运动的力量来自哪里呢？地质学上目前还有很多争论，不过板块构造运动与地震活动性之间的关系已经是广为接受的一种理论。图 2-1 展示的就是印度洋板块向北不断地挤压欧亚板块，在这两个板块的交界带挤压作用是最为明显的，相应的地质活动也很强烈。这里也是非常著名的持续隆升的喜马拉雅山所在地。假如将全球大震的震中位置做个统计，就可以发现全球地震的分布与板块的相关性是非常大的，绝大部分的地震都分布在板块的交界地带上。

图 2-1　印度洋板块挤压欧亚板块

全球三大地震带包括环太平洋地震带、欧亚地震带和海岭地震带。其中：环太平洋地震带北起太平洋北部的阿留申群岛，分东西两支，沿太平洋东西两岸向南延伸。东边延伸带经过阿拉斯加、加拿大、美国西海岸、墨西哥、中美洲以后直下南美洲；西边延伸带经过千岛群岛（南千岛群岛日本称之为北方四岛，俄占）、日本群岛、琉球群岛、台湾群岛，向南经过澳大利亚到新西兰与南太平洋衔接。全球大约 80%的浅源地震、90%的中源地震和几乎所有的深源地震都集中在环太平洋地震带上。欧亚地震带也叫地中海喜马拉雅地震带，它西起大西洋中的亚速尔群岛，经地中海、土耳其、伊朗抵达帕米尔，沿喜马拉雅山东行穿过中南半岛西部直到印度尼西亚的班达海与环太平洋地震带相连接。除环太平洋地震带以外，几乎所有的中源地震和大部分的浅源地震都发生在这里，约占全世界地震总数的 20%。海岭地震带也叫洋脊地震带，分布在太平洋、大西洋、印度洋的海岭中。海岭是指海底的山脉。在这条地震带上，地震一般不超过 7 级，释放了约占全球 5%的地震能量。

板块间巨大的构造作用，使得地壳中出现很多的地质断层。图 2-2 就是位于美国加州的一条比较有名的地质断层，叫圣安德烈斯（San Adrease）大断层。板块间的构造力会给地质断层局部施加一种驱动，驱使断层两侧的岩体变形。随着岩体发生变形，能量逐渐在断层及附近岩体中蓄积起来。当岩体变形达到一定程度的时候，断层上某个位置两侧的岩体会首先发生突然的滑动，并引发附近一定范围之内岩体的大规模滑动。类似于用力去掰一根棍子，最初棍子只会发生弯曲变形，并不会立即断裂。随着变形增大，超过了棍子能够承受的强度时，棍子才会发生断裂。断层发生错动的时候，会把储存的能量迅速释放出去，部分转化为热，部分以地震波的形式扩散出去，形成地震。这种理论称为地质断层的弹性回跳理论。

图 2-2　圣安德烈斯大断层

地质断层出现滑移时，两侧的岩体可能发现不同情况的运动。一种沿着断层倾斜面上下运动，称为倾滑运动，这类断层称为倾滑断层（图 2-3）。进而，根据倾斜面上方岩体的运动方向，细分为正断层和逆断层。正断层对应的是断层倾斜面上方岩体沿着倾斜面向下运动的情况，而逆断层是指断层倾斜面上方岩体沿着倾斜面向上运动的情况。1999 年台湾集集地震就是一个比较典型的逆断层运动，因此震后在断层附近观测到了明显的地面隆升现象，也就是断层倾斜面上方岩体向上运动造成的。断层两侧岩体还有可能发生相对的水平滑移，这种运动叫作走滑运动，这类断层称为走滑断层。2008 年汶川地震的震源机制比较复杂，在映秀附近断层主要表现为逆断层运动。随着地震的持续，断层的运动逐渐转为以走滑运动为主。图 2-4 是汶川地震后在平武县进行震害调查时发现的，断层穿过了该处耕地，造成了地垄的扭曲，水平位移达到了 1.5 m 左右。

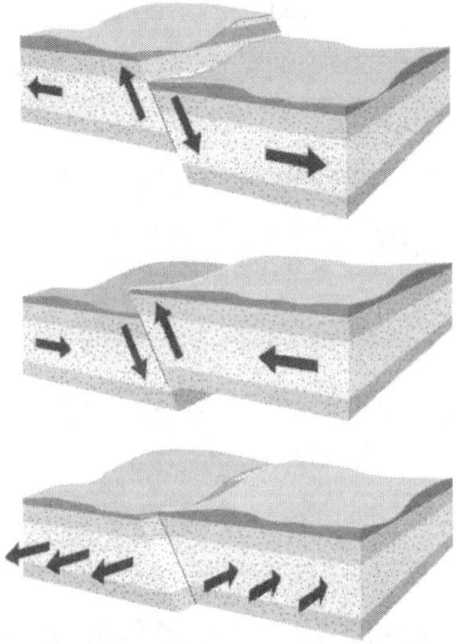

图 2-3　地震断层的分类：正断层（上）、逆断层（中）和走滑断层（下）

图 2-4　汶川地震中平武县某地因走滑断层运动造成的地垄扭曲

总的来说，构造地震的成因需要从宏观背景和局部机制两方面来理解。宏观背景上，板块的构造运动提供了地震发生的一种深层构造力；局部机制上，地质断层的弹性回跳是地震产生的直接原因。

火山地震是由于火山活动时岩浆喷发的冲击或者热力作用而形成的地震。除了火山爆发可以直接产生强烈震动以外，火山附近区域的岩石由于岩浆的积累和运动而有变形的趋势，导致能量逐渐在岩石中蓄积，最终引发岩层中本就存在的地质断层出现滑动。火山地震一般来说比较小，数量只占地震总数的 7%左右。全球最大的火山地震带就是环太平洋地震带。

水库地震是指在原来没有或者很少地震的地方，由于水库蓄水引发的地震。水库地震一般是在水库蓄水达到一定时间以后发生，大多分布在水库的下游或者水库区，有时会在大坝附近。比如埃及的阿斯旺水库，坝高约 110 m，1964 年开始蓄水截流，1968 年正式投入运行。这个地区在修建水库前，历史上没有地震记录，但从 1980 年以后开始出现小震或微震，1981 年 11 月在坝址西南 60 km 处发生了 5.6 级地震，1982 年同一地点又发生了 5 级和 4.6 级地震。另一个例子是我国广东河源新丰江水库，从 1959 年蓄水之后，在水库区周围地震频度慢慢增加，1962 年 3 月 19 日发生了一次 6.4 级地震，至 1972 年为止，该地区共记录了近 26 万次地震。水库地震与水库蓄水的作用有关，同时也与水库当地的地质构造和地层条件有关。

塌陷地震，是由岩层崩塌陷落而形成的地震。在一些石灰岩等可溶岩分布的地区，溶洞的洞顶塌落可能造成地震，采矿区矿洞内的塌落也可能造成地震。此外，悬崖上或山坡上大岩石的崩落甚至是雪崩，都可能形成此类地震。2007 年 8 月 6 日凌晨，美国犹他州一座煤矿发生了塌陷事故，犹他州大学地震检测台当即检测到震级约等于 3.9 级的地震引起的地震波。起初研究人员认为是地震导致的塌陷事故，随后才认定是塌落引起的地面震动。

2.1.2 地震规模的度量

地震是否能造成人员伤亡，与地震规模直接相关。地震规模可以通过两种方法来描述：一种是描述地震本身释放能量的大小，这是一种定量的方法，对每一个地震会给出一个确定的数值，类似于用温度计来衡量气温，会给出一个确定的温度值；另一种方法是采用定性的描述，即根据地震造成的破坏强烈程度来描述，类似于用暖和、凉快、寒冷等形容气温。根据地震释放能量的大小来描述，常用的指标就是地震震级，描述地震破坏强烈程度的指标是地震烈度。在早期对于地震规模的描述都是采用地震烈度，比如我国历史上最大的地震关中大地震，《中国地震目录》中描述其破坏情况为“川原坼裂，郊墟迁移，或壅为岗阜，或陷作沟渠，山鸣谷响，水涌沙溢。城垣、庙宇、官衙、民庐倾颓摧圮，十居其半。”对于死亡的人数，记载“奏报有名者，八十三万有奇，不知名者复不可数计”。这类描述都属于地震烈度的描述方法。

到了近代，随着地震观测仪器的出现，人们开始采用震级来描述地震的规模。常见的地震震级主要有两种定义，一个是里氏震级，还有一个是矩震级。里氏震级是一种观测震级，由美国地震学家查尔斯·里克特（Charles Richter）提出。它是根据观测点处地震仪记录到的地震波最大振幅，计算得出震源处地震规模的大小。矩震级是根据地震矩确定的震级，是由日本地震学家金森伯雄提出的。他认为每一次地震时释放的能量，与断层上发生错动部分的面积 A、错动量的大小 D 以及发生错动的岩体硬度 μ 有关，如公式（2-1）。进而利用公式（2-2）就可通过地震矩推算矩震级。里氏震级和矩震级都是目前通用的震级定义。中国在发布地震震级时使用的是里氏震级，而美国和世界上其他一些国家使用的是矩震级。无论是矩震级还是里氏震级，都是地震释放能量的一种定量表述，震级每相差一级能量相差约 32 倍。

$$M_0 = \mu AD \tag{2-1}$$

$$M = \frac{2}{3}\lg M_0 - 10.7 \tag{2-2}$$

将震级和烈度对比起来看，震级就像是一个光源的功率，每个灯泡的功率是固定的数值，所以一次地震只有一个震级，震级大的地震就如同功率大的光源。而烈度则像是光照强度，不同的地方得到的光照强度是不同的。同样的，在一次地震中，不同地区的地震烈度也是不同的。某一地区的地震烈度可以根据人的感觉、器物的反应、建筑物的损坏情况以及自然状态的变化情况，比如地表裂缝、山崩滑坡等等，来做综合判断。影响地震烈度的因素中，震级是首要的。通常震级越大，引起的各周边区域的振动强度就越强。距离震中越远的区域，通常感受到的振动强度也就越小，其烈度也会较低。此外，震源深度也是影响地表烈度的重要因素。在震中距相同、震级相同的情况下，震源越深，通常引起的地表破坏情况越轻。另外，建筑物所在的局部场地、近地表土层的性质，也是地震烈度的关键影响因素。一般来说，天然的密实硬质岩石和硬土场地的烈度，要比人工填充的松散场地的烈度小。同时，还要考虑建筑物本身的动力特性和施工质量。建筑物的质量好一点，震害程度就会弱一些，烈度自然也会小一些。当然除了上述主要因素以外，还有一些因素，比如地震的震源类型、地区抗灾应变能力、震区人口密度、经济发达程度等等，都会影响目标区域的地震烈度，必须要综合分析很多因素才能决定地震烈度的大小。

2.1.3　地震波

地震时，断层发生错动，累积的能量突然释放，绝大部分以波的形式向外扩散，这种波就称为地震波。地震波主要包含体波和面波两种主要类型。体波，顾名思义，就是能在地球体内传播的波，面波则是只在地球表面和近地表传播的波。图 2-5 展示了体波和面波传播路径的差别。体波从震源出发，穿越地球内部，到达地表的 A 点，而面波则是从地表上慢慢“爬”过去的。注意，在震源深处地震波刚刚产生的时候，是没有面波的，只有体波。面波是在体波传播到近地表的时候，经地层界面多次反射、折射形成的，所以在地球深部是没有面波的。

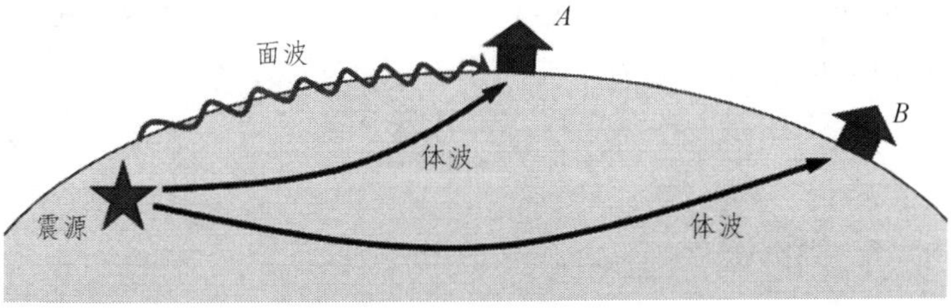

图 2-5　表面波和体波（P 波、S 波）的传播

体波有两种主要的类型，称为 P 波和 S 波。P 波的 P 代表英文单词 Primary（初始），意思是，这种波是地震发生后最快达到地表的波。P 波传播时，地壳介质中每一个点的运动方向与 P 波的传播方向是一致的，这种运动类型的波称为纵波，声波也是一种纵波。P 同时也代表英文单词 Pressure（压缩），意为这种波是一种压缩波。就是说，P 波的传播源于在传播方向上施加了压力，介质中的每一部分感受到压力后都会被压缩，然后将这种压缩传递给下一段介质，随着后一段介质的压缩，前一段介质会被拉张开，最终回到平衡状态。由于固体、液体和气体这三种介质，都具有抗压缩的性能，在感受到压力后可以把压力传递下去，因此 P 波在固体、液体和气体中均可以传播。

S 波的 S 代表英文单词 Shear（剪切），意为这种波是一种剪切波。也即是说，S 波传播时，每一段介质的运动方向都是横切波传播方向的。这种介质振动方向横切波传播方向的波，称为横波，因此 S 波是一种横波。S 波的传播主要是借助于传播介质的剪切运动，一旦传播介质不具备传递剪切力的能力时，S 波就不能传播。比如，液体、气体属于流体，这两种介质抗剪切的能力都非常小，因此 S 波几乎不能够在液体和气体中传播，只能在固体中传播。介质传递剪切运动不如传递压缩运动速度快，因此 S 波传播的速度比 P 波慢，在地震发生时 S 波达到地表的时间晚于 P 波，因此 S 波也称为次达波（Secondary）。

面波也有两种主要类型，称为瑞利波（Rayleigh wave）和乐夫波（Love wave）。乐夫波会引起水平面上横切波传播方向的介质运动，使得地面出现一种蛇形摆动。而瑞利波传播的时候，会引起介质的一种逆时针椭圆运动，椭圆的长轴与地表面垂直，而短轴与地表面平行。瑞利波会形成大地震中一种特有的地面波浪运动。面波的能量在地表是最强的，引起的地表的振动幅度也是最大的。随着深度的增加，面波的能量迅速衰减，引起的介质的振动幅度也迅速减小。面波的能量衰减比体波速度慢，所以在距离震源比较远的地震记录上面波的幅值优势更明显。

地震时，P 波最先到达，以较陡的角度出射地面，引起地面的铅垂方向上的振动，但 P 波携带能量较小，因此引起的地面振动幅度不大。随后到达的是携带大量能量的 S 波，引起水平方向上强烈的地面振动。所以我们常常听到一种说法，地震时先感到上下振动再感到左右晃动，这描述的就是 P 波先到 S 波后到的现象。乐夫波的波速与 S 波的波速相当，或稍小一些。所以乐夫波通常跟在 S 波之后，或与 S 波同时到达，引起地面的蛇形运动。随后到来的是在垂直平面内作椭圆运动的瑞利波，引起大地震中显著的地面波浪运动。在面波之后，还有一小部分沿着复杂的散射路径、穿过复杂岩石迟到的体波和面波的集合，称为尾波。尾波幅值不大，但却可能成为压倒骆驼的最后一根稻草，使在 S 波和面波作用下已经摇摇欲坠的建筑物最终倒塌。

2.1.4 地震波的观测及应用

地震波是地震留给人类的大宝库，在每一次地震发生的时候，在地面上能够直接获取的信息就是地震波。可以说，地震波里蕴含着所有地震的秘密。人类需要做的就是不断地借助新的科学技术手段，分析和挖掘地震波中的信息，解开地震的秘密。人类从很早就开始尝试利用仪器去观测、记录地震波。最早的尝试，也是最为中国人熟知的，就是我国东汉时期的科学家张衡所创造的候风地动仪。据《后汉书・张衡传》记载，候风地动仪发明于阳嘉元年（公元 132 年），记载中云“验之以事，合契若神”，甚至可以测到发生在数千里外的地震，虽然只限于测知震中的大概方位，但它比近代历史上第一台地震观测仪出现早了大约 1800 年之久。不过，中国历史博物馆保存的候风地动仪并不是原件，而是我国考古学家王振铎先生，根据自己的理解复原出来的模型，也并不能够达到史书记载的地震测定效果。不过，即使候风地动仪的原件存世，也不是现代意义上的地震观测仪器，它不能够记录地震时地面运动的整个过程，只能称为某种意义上的验震器。

现代地震仪要求能够完整地记录地震时地面上某一点的振动过程，但由于地震时地面上所有的物体都是和地面共同运动的，因此让站在地面上的人记录地面的运动，是无法实现。只有让人或仪器自由悬浮在空中，与大地保持独立，形成一个静止的参考系，才能够看到（或记录到）大地在这个参考系中的运动轨迹。但问题是，由于重力的存在，人或仪器是不可能自由悬浮在空中的。于是，地震学家想到利用摆的原理，来近似地实现自由悬浮。也就是，在固定在地上的框架上悬吊一个重物，使重物尽量减少与框架的联系，接近自由悬浮。地震时，框架随着地面运动，而重物则保持相对静止，因此可以记录下来框架运动的整个过程，也就是我们常见的地震图。这种利用摆的原理设计的地震记录仪器，也称为摆式地震计。通常，要记录某一点的空间运动过程，需要在该点同时安装三个方向的地震计，以完整地记录两个相互垂直的水平方向和一个铅垂方向的地震运动过程。因此，地震后某个观测台站收集到的原始地震记录通常都是三分量的，三分量运动合成在一起，才能够还原地面在任意时刻的运动方向和运动量。

地震观测记录是非常宝贵的，对地震观测记录的解译可以揭示很多地震的信息。可以说，没有地震仪器观测的发展，就不可能有近代地震学和地震工程学的快速发展。地震观测记录的用途非常广泛，比如用于地球内部成像，也就是了解和推断地球的内部构造。地震波中的体波可以通过不同的路径穿过地球，在遇到介质的交界面时会出现反射和折射，导致波的传播方向发生改变。根据地球表面不同位置观测到的体波的波形和成分，来推演这条波穿过地球时走过的路径，就可以进一步推断地球的内部构造。

地震波的另一个重要用途，就是震源的快速定位和地震预警。P 波的传播速度比 S 波速度快，大约快 1.732 倍。地震波传播得越远，P 波和 S 波到达的时间间隔就越宽。类似于长跑比赛，有人跑得快，有人跑得慢。在开始的几圈差距是不太明显的，随着距离的增加，人和人的间距就被拉开了。反过来，得到一个地震观测记录后，有经验的地震学家可以识别出 P 波和 S 波到达的时间，然后根据二者之间的时间间隔，就可以推测记录台站距离震中大概有多远。在此基础上，假设一次地震中有三座地震观测台收集到了地震记录，以每一个台站为圆心，以推算的该台站的震中距离为半径画一个圆，那么三个台站就可以画出三个圆，三个圆会相交于（至少近似地相交于）某个点。这个点也就是震中位置。利用 P 波比 S 波传播速度快这个特性，也可以在破坏性的 S 波到达之前发出预警信号，这就是地震预警的原理。

除震中定位、地震预警、地球内部成像之外，地震波还可以用于探测浅部地层结构、探测储油层，或者推演地震发生时断层面上的破裂过程（称为震源反演）。地震波还可以用来推算震级，或在工程结构的地震模拟试验中作为荷载输入。可以说，地震观测记录是地震留给人们的最关键的线索，对地震观测记录的研究和利用将极大地帮助人们认识地震现象、把握地震规律、减轻地震灾害。

2.1.5 强地震动

强地震动，在地震学和地震工程学领域，都是非常重要的研究课题。地震学家通过研究地震动了解震源与地球介质的特性。地震工程学家通过研究地震动的规律，进行结构地震反应分析和设计。地震造成的人身伤亡和财产损失绝大部分是由于人工结构物的倒塌引起的，而人工结构物的倒塌绝大部分是由于强地震动造成的，强烈的地震动也是滑坡、崩塌等灾害的外部条件。地震动和地震，是两个完全不同的概念。地震，在英文中叫 earthquake，指的是地壳中的岩体破裂、释放能量，引发强烈振动的过程。地震动，在英文中则叫 ground motion，也称为地面运动，专指地震引起的地表或近地表某一点的振动过程，地震动是由地震引起的。

回想高中物理，假如将一个木塞扔进水中，水面上能看到一圈圈涟漪向外扩散，但木塞却不会越漂越远，只会在原始位置附近上下振动。地震波也是一样，地震波的连续传播是靠着每一个介质质点的振动实现的，质点并没有跟随地震波向远处迁移，只是在自身平衡位置附近反复振动。如果在一个整体空间内，观察所有质点在不同时刻的运动情况，那么观察到的就是地震波在空间中的传播形态，就如水面上一圈圈涟漪向外扩散的形态。如果只盯着一个质点，记录它的振动随时间变化的过程，得到的就是该点的地震动时程，类似于只记录水面上木塞的上下振动情况。因此，准确地说，地震动是某点的地震动，是由地震波的空间传播引起的。

地震动过程可以表示为质点振动的加速度过程，也可以表示为振动速度过程、振动位移过程，分别称为地震动加速度时程、速度时程和位移时程。地震动时程是一个不规则的时间函数，一般可以从频域和时域两个角度去研究其特点和规律。从时域研究，意味着以时间为横坐标变量，观察质点振动随着时间变化的情况，主要是振动幅值的变化过程以及振动持续的时长。图 2-6（a）是汶川地震主震中在四川省绵竹市清平乡台站处记录到的地面运动加速度记录。从频域研究，意味着以频率或周期（频率的倒数）为横坐标变量，观察组成整个振动过程的不同成分简谐振动分量的情况，也就是通常所说的频谱特征。强震持时、幅值和频谱特征也被称为地震动三要素，其中，以幅值和频谱特征更受到工程界的关注。

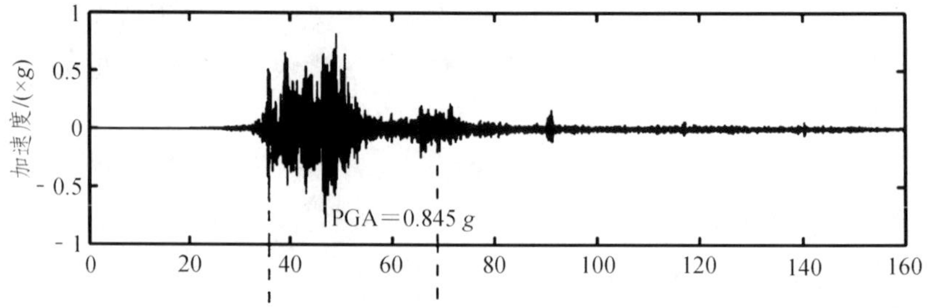

（a）加速度时程及峰值 PGA

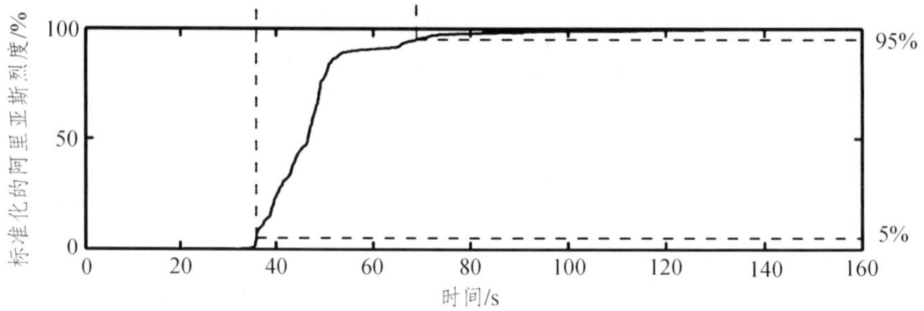

（b）标准化的阿里亚斯烈度（图中给出了能量累积到 5%和 95%的时刻之间的时段）

图 2-6　汶川地震中绵竹市清平乡地震动台站 051MZQ-EW 地震动分量

1. 地震动的幅值

地震动时程曲线横坐标是时间，纵坐标表示地震动的强烈程度，称为幅值。幅值可以是位移幅值、速度幅值或者加速度幅值。通常看到的强震观测记录，都是表述加速度幅值的。根据牛顿第二运动定律，加速度也最容易与力联系起来，是工程师们估计地震作用力的最常用变量。地震动幅值最早且最多以峰值来表征，即地震动幅值的最大绝对值，包括地震动的峰值加速度（PGA）、峰值速度（PGV）和峰值位移（PGD）。

一般来说，某一点处的地震动幅值会随地震震级的增大而增大，随着与震源之间距离的增大而减小。此外，软弱土场地收集到的地震动记录的幅值，通常比岩质场地的地震动幅值大，这是由于松软的土层对地震动的幅值通常存在一个放大作用。但上述规律只是一个统计意义上的平均结论，事实上地震动幅值的空间分布十分复杂，特别是在靠近震中或发震断层的区域，地震动幅值受到震源的显著影响，可能表现出更为复杂的分布特征。比如，随着震中距的减小，加速度峰值不再持续增大，而是趋于饱和，抑或是岩质场地上的地震动幅值比软弱土场地更大，等等。

2. 地震动的持时

从时域上观察地震动时程，还可以观察到地面振动持续了多久。当然，不是振动从零开始到完全平静的全过程，都有必要去关注。通常，只有对结构物产生影响的强震段，才需要特别关注。因为：对于幅值比较大的地震动，可能在短时间内摧毁结构物；但对于幅值不大的地震动，短时间内可能不会引起结构物倒塌，但可能导致结构出现局部破坏、产生裂缝，随着振动的持续，裂缝可能会继续发展，形成很大的破裂或变形，最终导致倒塌，即便振动的幅值不大。强震持时越长，对结构的累积破坏越不利。随着结构物尺寸的加大、体型趋于复杂，结构物在持续振动下的累积破坏越来越引起工程师的关注，因此工程师们也开始逐渐关注强震持时的定义。

强震持时目前主有两种定义方式：第一种方式，是人为给定一个阈值，取地震动幅值首次和最后一次达到该阈值的两个时刻之间的时段，作为强震段。那么如此定义的强震持时，称为括号持时（Bracket duration）。阈值的选取可以是一个绝对的数值，比如 $0.05g$ 或 $0.1g$，因为普遍认为更小的地震动不太可能引起结构破坏，阈值也可以取地震动峰值的一个比例（如 5%或 10%）。第二种方式，需要首先计算出地震动能量的累积随时间变化的曲线，取能量累积的主要时段作为强震持时。例如能量从 5%累积到 95%的时段，见图 2-6（b），或能量从 5%累积到 75%的时段。如此定义的强震持时，称为显著持时（Significant duration）。一般来讲，地震动持时会随着震级的增大而增加，也会随着距离的增大而增加，土层场地上的持时往往比基岩场地上大。

3. 地震动的频谱特征

除了幅值和持时以外，地震动还有一个重要的特征，就是它的频谱特征。回想高中物理讲过的白光色散，白光是一种复色光，是很多单色光的组合。用一个三棱镜，可以将白光分解成单色光，形成光谱，展示不同频率单色光的情况。地震动也是一样的，时域中看到的复杂的地震动时程，其实可以视为很多不同频率简谐振动的波的组合，每一个简谐振动分量都有自身振动的幅值和频率。图 2-7（a）展示的就是图 2-6（a）地震动时程对应的幅值谱，它给出了不同简谐振动分量的振动幅值，从中可以观察到幅值相对较强的振动频段。图 2-7（a）中的地震动在 0.07 Hz 左右的振动幅值是最强的，这个频率称为地震动的卓越频率。

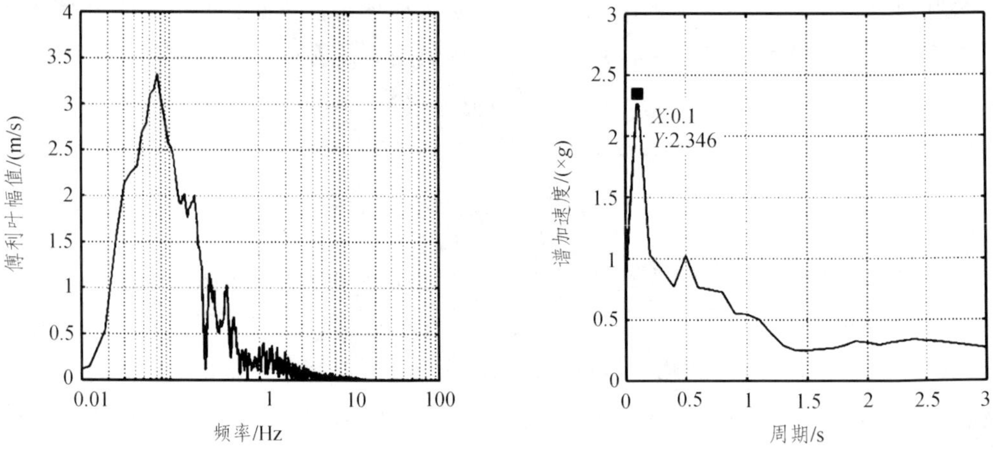

（a）半对数坐标下的傅里叶幅值谱　　（b）阻尼为 5%的地震动反应谱

图 2-7　地震动的频谱特征

了解地震动的卓越频率，有助于理解地震导致结构物破坏的本质。1985 年 9 月 19 日，墨西哥太平洋海岸发生了里氏 8.1 级强震。震中以东 400 km 的墨西哥城灾情最为严重，城内 14 层左右的钢筋混凝土建筑物大面积倒塌，而更高的和更矮的一些建筑破坏情况却没有那么严重。为什么同一个地区、同样强度的振动，有些结构物倒塌，有些结构物却相对安全？其实，这是一种共振效应的结果。每个结构物都有自身的固有频率或称为自振频率，与结构物的高度、质量等都有关。如果结构物的固有频率和地震动的卓越频率比较接近，结构物就容易在地震动作用下出现共振效应，使得结构物的振动大幅加强。一些高耸建筑物或大跨桥梁，往往属于固有频率比较低的结构物，如果地震动卓越频率也在低频段，则容易引起这类建筑物的较大反应；反之，核电站的核岛结构属于固有频率比较高的建筑物，对于卓越周期在高频段的地震动更为敏感。因此，对于结构物抗震分析来说，研究和确定地震动的卓越频率是非常重要的。

在地震动的频谱里，有一类在工程设计中广泛使用的谱，称为地震动反应谱，如图 2-7（b）所示。它的横坐标是不同类型结构物的固有周期（或固有频率），它的纵坐标表示结构物在这条地震动时程作用下的最大振动反应。图 2-7（b）中地震动反应谱的峰值出现在 0.1 s 附近，意味着对于这条反应谱对应的地震动时程，固有周期 0.1 s 左右的结构物比其他类型结构物的振动反应更大。地震动的频谱特征是和幅值同样重要的参数，有时甚至比幅值更有工程意义。

2.1.6　地表破裂

地震除了可以引起强地震动外，震级较大时还可能出现地表破裂，主要表现为地表的垂直抬升和水平错断等。1906 年，旧金山大地震中出现长达 430 km 的地表断裂带；1932 年，甘肃昌马 7.5 级地震也出现了长达 120 km 的地表断裂带；1931 年新疆富蕴 8 级地震，地表破裂带长度达到 150 km。2008 年汶川地震，使北川—映秀断裂和灌县—江油断裂同时出现地表破裂。其中，北川—映秀断裂地表破裂带约长 240 km。北川以北的最大垂直位移约为 6.5 m，最大水平位移约为 4.9 m；北川以南的最大垂直位移约为 6.2 m。灌县—江油断裂地表破裂带约长 72 km，最大垂直位移为 3.5 m。

地表破裂是地盘的整体移动引起的，震后难以恢复，因此对于长线大跨工程，如铁轨、隧道、大跨桥梁等，地表破裂造成的危害，往往比持时有限的强地震动更为严重。地表的垂直抬升，可能迫使数千米甚至十数千米的铁道改线，工程量巨大。水平错断则会引起线路平面图的破坏，通常情况下是令钢轨扭曲、断裂，形成弯道，使其失去运营能力。1976 年唐山地震，铁路受害线路总长 500 km。从塘沽到丰南线路段，有 106 处总长 152 m 铁轨发生变形。地震导致 2 列客车、5 列货车发生车辆脱轨或颠覆，个别机车着火，致使铁路运输中断。对于大跨桥梁，如果位于发震断层附近，地表抬升或错断可能导致桥梁结构坍塌。1999 年 9 月 21 日，中国台湾发生集集地震，里氏 7.3 级，造成了沿车笼埔断层长约 100 km 的地表破裂，最大垂直错动量达 8 m。车笼埔断层附近有乌溪桥、石围桥、名竹大桥等 7 座大桥，或位于断层线附近，或被地表破裂带穿过。这些桥梁建造设计之初对可能发生的断层地表破裂并未予以考虑，因此在集集地震中发生了严重破坏。对于隧道工程，断层的错动也较强地震动的影响更为强烈。在汶川地震极重灾区，有 6 座隧道穿越断层带，其中 5 座因断层错动破坏严重，出现二次衬砌垮塌、隧道围岩垮塌等现象。

2.2 抗震设防基础知识

英文中有一句话，叫“Earthquake don’t kill people，buildings do”，意为人身伤亡并非因为地震存在，而是因为结构物的倒塌。地震是无法预测和制止的，但如果结构物可以修建得很安全很可靠，同样可以减少大量的人员伤亡和财产损失。

在地震活动区建设工程结构，工程师必须知道拟建地区的地震基本情况。因此，地震工程学的一个重要课题，就是根据地震长期预报给出的未来地震的时间、地点、强度、概率等要素，进行地震动的危险性分析，预测各个地区在预定时间内的地震动危险水平，并以这些参数为指标进行地震动区划，展示地区间潜在地震危险性的差异。过高估计地震危险性，会增加投资；过低估计地震危险性，可能带来生命和财产的严重损失。因此，合理地进行地震危险性评估和工程抗震设防是极为重要的实际地震工程问题。

2.2.1 抗震设防的基本术语

1. 基本烈度

我国早期的地震危险性区划图，都称为基本烈度区划图。基本烈度与地震烈度不同，不是一次地震导致的某地区破坏程度，而是用统计学方法计算出的该地区在多个可能发生的地震影响下的一个综合水平。我国 20 世纪 90 年代前相继编制过三次全国地震烈度区划图，通常称之为第一代、第二代、第三代地震烈度区划图。其中，最为工程师熟知的是第三代地震烈度区划图，它以概率的形式表达基本烈度，给出了未来 50 年一般场地土条件下超越概率为 10%的地震烈度（约 475 年一遇）。也就是，对于一般场地土地区，未来 50 年内地震烈度超过基本烈度的概率只有 10%。2001 年，我国颁布了第四代地震区划图，不再直接以地震基本烈度作为分区、绘图依据。但工程结构抗震设计仍保留地震烈度的概念作为建筑物抗震措施的等级指标。

2. 规准化反应谱

地震反应谱表达的是不同类型结构物对同一地震动过程的反应。因此，不同的地震动过程将给出不同的地震反应谱。在已知地震动时程的情况下，可以计算出对应的地震动反应谱，根据反应谱的信息对不同结构物进行设计。但问题是，在进行工程结构设计时，不可能准确地知道未来将发生的地震动过程，无法确定对应的地震反应谱。因此，必须制定一个专门供抗震设计使用的反应谱，称为规准化反应谱。规准化反应谱，和图 2-7（b）所示的某条地震动时程对应的反应谱不同，它是一个平台型的，这是为了便于把反应谱参数化。如图 2-8 所示规准化反应谱，平台段始于周期 T_0 处，结束于周期 T_g 处，T_g 称为反应谱特征周期。规准化反应谱由峰值加速度（α_{max}）开始，上升至 α_{max} 的 β_m 倍，所以 β_m 也称为反应谱的放大系数。

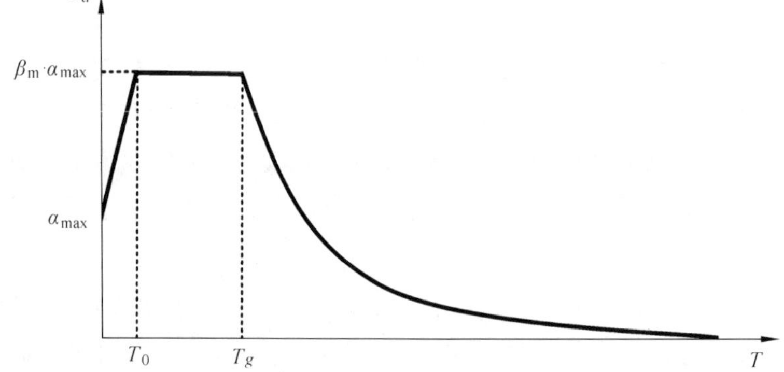

图 2-8　规准化反应谱

2.2.2 地震动参数区划

现代抗震设计正步入安全度要求高、分析方法更符合实际的阶段，地震动的振幅、频谱与持时等参数都有了抗震设计需求，所以地震动区划也从简单粗略的烈度区划向更精细的地震动参数区划过渡。从 2001 年颁布的第四代地震区划图开始，已不再以基本烈度作为编图依据，而是直接以地震动峰值加速度和反应谱特征周期作为编图依据，所以也称为中国地震动参数区划图。最新的一代地震区划图是 2016 年颁布的第五代地震区划图，同样是以地震动参数作为编图依据。

唯一地确定规准化反应谱必须明确反应谱特征周期 T_g 和峰值加速度 α_{max}。因此，第五代地震动参数区划中，首先包括的就是“两图”，分别是《中国地震动峰值加速度区划图》和《中国地震动反应谱特征周期区划图》。区划图上给出的数值都是针对平均土质条件的，通俗地说，就是假定全国的地表以下土质都不是特别硬，也不是特别软，没有明显的场地影响。但实际上不同地区场地土质条件是有很大差异的，有些场地地表下有很厚的松软土层，对地震动有显著影响。正如 1985 年墨西哥地震中，墨西哥城下有将近 50 m 厚的古河床沉积物，松软的沉积层把地震动中的低频成分放大了几倍，导致固有周期比较低的高层结构物大面积被破坏。因此，我国第五代地震动参数区划中也同时考虑了局部场地土质对规准化反应谱参数的影响。这种影响是通过“两表”来考虑的，分别是《场地地震动峰值加速度调整系数 F_a》和《场地基本地震动加速度反应谱特征周期调整表》（表 2-1 和表 2-2）。通俗地说，就是根据工程建设的具体场地条件，对规准化反应谱的特征周期 T_g 和峰值加速度 α_{max} 进行调整，体现局部场地条件对地震动特征的影响。

表 2-1　场地地震动峰值加速度调整系数

Ⅱ类场地地震动峰值加速度值	场地类别				
	$Ⅰ_0$	$Ⅰ_1$	Ⅱ	Ⅲ	Ⅳ
≤0.05*g*	0.72	0.80	1.00	1.30	1.25
0.01*g*	0.74	0.82	1.00	1.25	1.20
0.15*g*	0.75	0.83	1.00	1.15	1.10
0.20*g*	0.76	0.85	1.00	1.00	1.00
0.30*g*	0.85	0.95	1.00	1.00	0.95
≥0.40*g*	0.90	1.00	1.00	1.00	0.90

表 2-2　场地基本地震动加速度反应谱特征周期调整表　　　单位：s

Ⅱ类场地基本地震动反应谱特征周期分区值	场地类别				
	$Ⅰ_0$	$Ⅰ_1$	Ⅱ	Ⅲ	Ⅳ
0.35	0.20	0.25	0.35	0.45	0.65
0.40	0.25	0.30	0.40	0.55	0.75
0.45	0.30	0.35	0.45	0.65	0.90

根据“两图”和“两表”确定的地震动参数称为基本地震动参数，是工程结构抗震设防的基准，其概率水准与第三代基本烈度区划图相同，仍是未来 50 年平均场地条件下超越概率为 10%（相当于 475 年一遇）。但目前的工程结构设计，大多数国家都采用了如下理念：在建筑物的设计使用寿命期限内，对于不同频度和强度的地震，要求建筑物具有不同的抗震能力。具体说来，要求建筑结构在遭受发生可能性较大而强度较小的地震作用时，一般不受损害，或不需修理仍可继续使用；在遭受可能性和强度都相当于基本地震动水平的地震作用时，可能损坏，但经一般修理即可恢复正常的使用；在遭受发生可能性较小而强度较大的地震作用时，可以损坏，但不能倒塌或发生危及生命安全的严重破坏。这就是常说的结构抗震设防的三水准“小震不坏、中震可修、大震不倒”。我国现行《建筑抗震设计规范》规定（GB 50011），按技术标准设计的所有房屋建筑均应达到“小震不坏、中震可修、大震不倒”的设防目标。2008 年汶川地震也表明，严格按照抗震规范进行设计、施工和使用的房屋建筑，达到了规范规定的设防目标。这里的“小震、中震、大震”不是指未来将发生的某次地震本身的大小和震级，而是指未来一定时限内可能遇到的地震动的强烈程度。其中，中震对标的就是“两图”和“两表”确定的基本地震动，其概率水准为未来 50 年平均场地条件下超越概率为 10%。小震的概率水准则是未来 50 年平均场地条件下超越概率为 63%，对应于多遇地震动；而大震的概率水准为未来 50 年平均场地条件下超越概率为 2%，对应于罕遇地震动。在第五代地震动区划中还规定了一个更小的概率水准，为年超越概率万分之一，称为极罕遇地震动。

多遇地震动、罕遇地震动和极罕遇地震动对应的特征周期 T_g 和峰值加速度 α_{max}，是在“两图”和“两表”给定的基本地震动参数基础上调整而得的。对峰值加速度 α_{max} 的调整原则是：多遇地震动的峰值加速度是基本地震动峰值加速度的 1/3，罕遇地震动的峰值加速度是基本地震动峰值加速度的 1.6 ~ 2.3 倍，极罕遇地震动的峰值加速度则是基本地震动峰值加速度的 2.7 ~ 3.2 倍。对反应谱特征周期的调整原则是：多遇地震动的反应谱特征周期，一般按照基本地震动反应谱特征周期取值；罕遇地震动的反应谱特征周期要比基本地震动反应谱特征周期提高，提高的值要大于 0.05 s。

总的来说，根据第五代地震动区划来确定设计地震动参数，需要综合考虑“两图”

"两表"以及建筑物抗震设防水准，"两图"给出平均场地条件下的基本地震动峰值加速度和反应谱特征周期，"两表"结合具体的场地条件对峰值加速度和反应谱特征周期进行调整，最后再根据建筑物抗震设防水准，多遇、罕遇或极罕遇情况，调整峰值加速度和反应谱特征周期。全部调整完成后的峰值加速度和反应谱特征周期，就可以用来确定规准化反应谱，服务于工程结构的抗震设计。

2.3 铁路公路路基工程抗震设防措施

2.3.1 路基定义及分类

路基：按照路线位置和一定技术要求修筑的作为路面基础的带状构造物，是铁路和公路的基础。路基由路基本体和附属支挡结构组成。

根据施工方式及结构形态，路基本体可分为路堤和路堑两种类型，如图 2-9 所示。路堤是指路基顶面高于原地面的路基，由填筑施工而成。路堑是指从原地面向下开挖而成的路基。通过开挖天然地面，可起到缓和道路纵坡或越岭线穿越岭口控制标高的作用。路基本体直接支撑铁路轨道、承受通过轨道的列车荷载或承受公路车载，是路基的主体。

（a）路堤　　（b）路堑

图 2-9　广东省龙川至怀集高速公路 A1 合同段路堤和路堑照片

相对于路基本体，附属支挡结构不直接承受车载，但支挡结构主要用于支撑、加固填土路堤或路堑斜坡，防止其滑塌，因此对于路基安全性和稳定性具有重大意义。常见的支挡结构包括挡土墙、抗滑桩、轻型支挡结构和锚固结构等。

为保证路基稳定，通常在路基两侧做成具有一定坡度的坡面，这一坡面称为路基边坡。因此，路基边坡是路基横断面两侧与地面连接的斜面。路基边坡从结构形式上分为路堤边坡和路堑边坡，是影响路基本体稳定的重要因素。

当路堤较高时，为减缓路堤边坡坡度、提高其稳定性，需要在路堤边坡上设置平台，这一平台称为护坡道。当路堤填土高度小于或等于 2 m 时可不设护坡道；当路堤填土高度大于 2 m 时，应设置宽度为 1 m 的护坡道；当路堤填土高度大于 6 m 时，应设置宽度为 2 m 的护坡道。

2.3.2 汶川地震路基震害分析

汶川地震发生后，强震区公路工程遭受到严重损毁，公路工程一度成为通往震区的亟待抢通、保通的生命线。四川省交通厅公路设计院对地震灾区所有的国道、省道及大部分重要的乡县公路进行调查，总计 19 条线路，41 条区段。调查发现，地震灾区受损公路里程占总里程的 50.1%，直接经济损失约 612 亿元。路基震害总数为 1458 处，其中路基本体震害 558 处（占比 38.3%），支挡结构 352 处（占比 24.1%），路堤路堑边坡 548 处（占比 37.6%）。

汶川地震震害调查还发现，穿越不同地貌类型，道路工程震害形式不同：中低山地貌区，道路工程以工程结构物的直接震害为主；高山峡谷区，道路工程以山地灾害所造成的间接震害为主。

地震引发的铁路、公路路基工程震害模式，主要包括路堤侧向变形、竖向沉陷、路基坍塌、错落、挡墙毁坏等多种破坏形式。路基破坏又进而导致路面产生多种形式的破坏，主要有路面板断裂、严重破碎、错台、路面板的纵向开裂等。

其中，地震造成的公路、铁路路基竖向变形以沉降变形为主，在地震断层通过铁路、公路时，会发生隆起破坏，如图 2-10 和图 2-11 所示。

图 2-10　公路路桥过渡段桥头跳车

图 2-11　铁路路桥过渡段路基沉降

路堤边坡的破坏主要表现为路堤边坡滑移导致的路肩滑塌、路面坍塌、路肩墙外倾、路肩错落等破坏。路堑边坡破坏主要表现为路堑墙外倾、浆砌片石路堑墙垮塌、抗滑桩倾斜、坡面防护工程破坏等形式。如图 2-12 ~ 图 2-19 所示。

图 2-12　路肩滑塌

图 2-13　路面坍塌

图 2-14　路肩挡土墙外倾

图 2-15　路肩错落

图 2-16　桩板式抗滑桩外倾

图 2-17　浆砌片石路堑墙垮塌

图 2-18　主动网防护边坡坍塌

图 2-19　挂网喷混凝土边坡破坏

2.3.3　路基抗震措施

地震中，路堤边坡本身是否有支挡，对于抗震性能影响很大。汶川地震震后调查中发现，有支护结构的路堤边坡破坏情况较无支护措施的路段要轻，如图 2-20（a）所示。同一路段中有挡墙支护的一段路堤没有出现明显破坏，而没有挡墙的一段则出现了严重的边坡滑动。图 2-20（b）中也展示了本身存在挂网喷混凝土的路段与未进行任何防护的路段的震损情况对比。

（a）有挡墙与无挡墙段落破坏情况对比

（b）挂网喷混凝土与无防护的对比

图 2-20　路堤边坡震害实例

此外，支挡结构本身的特性也对路堤工程的抗震性能有影响。如图 2-21 所示，采用较为刚性的支挡结构（如衡重式挡土墙）较采用偏柔性的土工格栅加筋方式，震损程度要相对严重。震后调查也发现，在路堤内部铺设土工格栅，是一种有效的抗震措施。如四川岷江紫坪铺水利枢纽工程 213 国道紫坪铺库区淹没段改建工程 B 标段 K1029+300 ~ K1029+479 的一处路堤，该路堤为高填方，最大填方高度达 42 m。路堤顶部满铺 10 层土工格栅，左右边坡中部均铺设 10 层长 8.0 m 的土工格栅，左右两侧边坡基底均铺设 10 层长 12 m 的土工格栅。左右两侧边坡各层土工格栅均一一对应，位于同一高程上。土工格栅间距均为 0.5 m。在左侧坡脚库水位线以下，施工单位设置了预制混凝土块护坡。整个路堤在地震作用下整体完好。如图 2-22 ~ 图 2-25 所示。

图 2-21　土工格栅加筋挡墙自适应变形

图 2-22　衡重式挡土墙坍塌

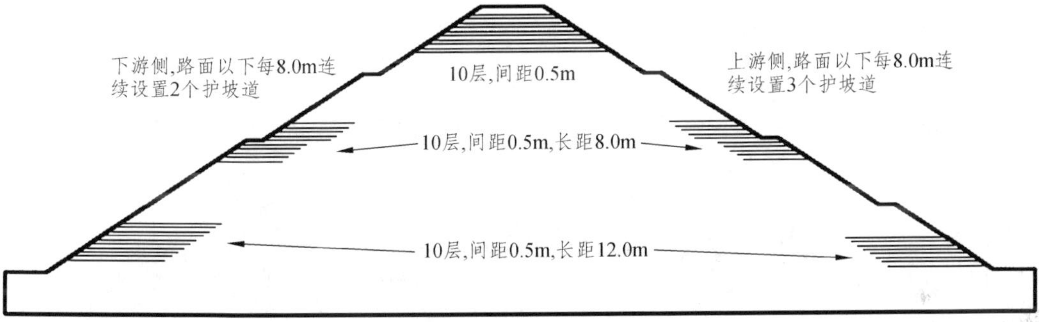

图 2-23　土工格栅加筋高路堤设计示意

图 2-24　42 m 高路堤震后照片

图 2-25　42 m 高路堤坡面照片

对于采取刚性防护措施的路段，由于防护体与土体之间的变形不协调，二者之间脱离接触，致使防护效能降低甚至失效。重力式挡墙与填料发生分离，挡墙产生倾覆变形，墙顶外倾可达 25 cm。对于采取柔性防护措施的工程，只要设计能满足抗震要求、施工质量得到保证，则能较好地适应地震变形，发挥出抗震减灾的功效。土工格栅加筋挡墙由于面板和填料之间由土工格栅联结，在近X度强震区仍然能基本保持完好。

2.4 桥梁工程典型震害及设防

桥梁是生命线工程中的重要组成部分，在地震发生以后的紧急救援、抗震救灾以及灾后重建中都发挥着举足轻重的作用。在历来的地震中，我们经常能看到桥梁发生破坏甚至倒塌的案例。桥梁一旦在地震中发生破坏，势必导致交通中断，影响地震灾区救援和救灾工作，而且遭受地震破坏的大型桥梁修复困难，交通运输恢复缓慢，会造成人民生命、财产的巨大损失和不良社会影响。因此，对桥梁采取合理、有效的抗震对策，保证桥梁在地震中的安全和震后正常使用，对城市和地区的抗震防灾减灾工作及地震灾区的恢复重建工作都具有重要意义。

2.4.1 桥梁的组成

典型桥梁结构一般由三个部分组成，上部结构、下部结构和支座，如图 2-26 所示。

图 2-26 典型桥跨结构

1. 上部结构

桥梁上部结构包括桥跨结构和桥面构造。桥跨结构是指桥梁承受上部交通荷载的主体的结构物。桥面构造是指桥梁为了满足使用需求而设置的一些结构物，比如桥面的铺装、栏杆、路灯等。

2. 下部结构

桥梁下部结构通常由桥墩、桥台以及基础三个部分组成。它的主要作用是将上部结构的荷载通过下部结构传递给地基。

3. 支座系统

桥梁支座位于上部结构和下部结构之间，它的主要作用是连接桥梁的桥跨结构和下部的墩台，在传递荷载的同时，还能给桥梁提供一定的变形能力。

2.4.2 桥梁的分类

桥梁的分类多种多样，可以按照工程规模分成大桥、中桥和小桥，也可以按照用途分成公路桥、铁路桥、人行桥等。如果按照结构体系来划分，可分为梁桥、拱桥、悬索桥、斜拉桥等。

1. 梁　桥

梁桥是古老的桥梁结构体系。最简单的梁桥如图 2-27 所示，两侧的下部结构上面架设一片梁，也就是桥跨结构。当车辆走在梁桥上的时候，梁作为承重结构，以它的抗弯能力来承受荷载，同时把力传递到两侧的基础上，如图 2-28 所示。根据支撑情况的不同，梁桥又可以分成简支梁、悬臂梁、连续梁等。

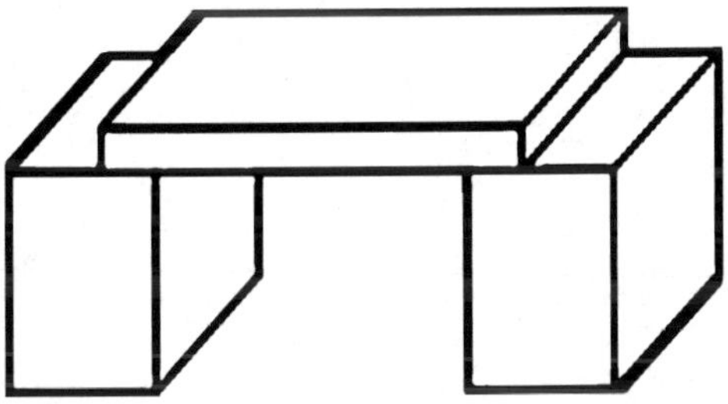

图 2-27　基本梁桥示意

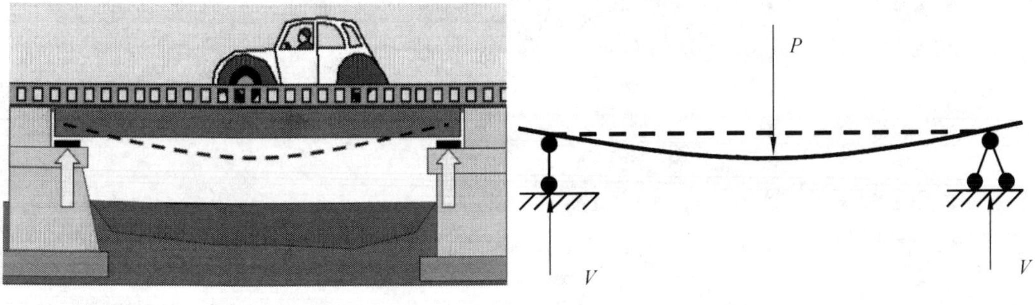

图 2-28　梁桥的传力途径

图 2-29 展示了著名的梁桥——南京长江大桥。南京长江大桥是一座公铁两用桥，可以同时满足汽车和火车通行的需要。图 2-30 展示的是一座连续梁桥——开封黄河大桥。这类桥梁在城市、高速公路等中得到了广泛应用。梁桥的施工简单，造价低廉，

是最为常见的桥梁结构体系。

图 2-29　南京长江大桥（桥长 1 576 m，公、铁两用）

图 2-30　开封黄河大桥（桥长 4 475 m，108 跨）

2. 拱　桥

与梁桥相比，拱桥最大的特点在于以拱作为结构主要承重构件。与梁桥相比，拱桥的桥跨结构和下部结构，并没有一个明显的界限。拱既是桥跨结构，也是它的承重构件，如图 2-31 所示。

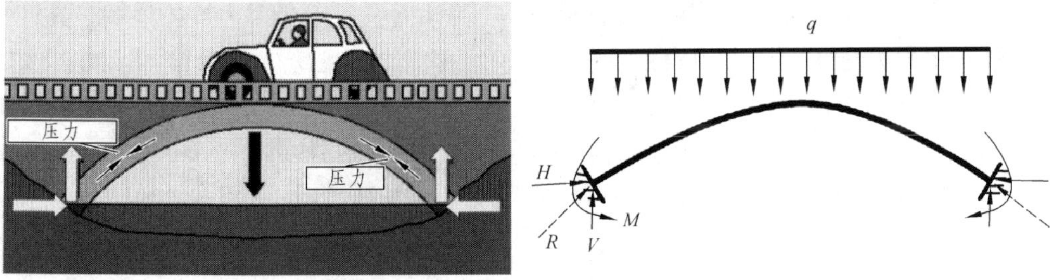

图 2-31　拱桥的传力途径

拱桥的造型非常优美、曲线圆润，富有动态感。在我国，拱桥已经有 1800 多年的历史了，如河北的赵州桥、北京颐和园的 17 孔桥等一些非常著名的拱桥。根据梁和拱的相对位置，拱桥可以分成上承式拱桥、下承式拱桥和中承式拱桥（图 2-32）。贵州花鱼洞桥的梁完全位于拱的上方，属于上承式拱桥；柳州龙屯立交桥的梁位于拱的下方，属于下承式拱桥；而南广铁路特大桥的梁是从拱的中间穿过的，为中承式拱桥。

（a）贵州花鱼洞桥（上承式）　（b）柳州龙屯立交桥（下承式）　（c）南广铁路特大桥（中承式）

图 2-32　实际拱桥

3. 悬索桥

悬索桥，又名吊桥，指的是以通过索塔悬挂并锚固于两岸（或桥两端）的缆索（或钢链）作为上部结构主要承重构件的桥梁。悬索桥从缆索垂下许多吊杆，把桥面吊住，在桥面和吊杆之间常设置加劲梁，同缆索形成组合体系，以减小荷载所引起的挠度变形。悬索桥的主要承重构件是缆索，其传力途径参见图 2-33。由于悬索桥可以充分利用材料的强度，并具有用料省、自重轻的特点，因此在各种体系桥梁中的跨越能力最大，跨径可达 1 000 m。悬索桥的主要缺点是刚度小，在荷载作用下容易产生较大的挠度和振动，需注意采取相应的措施。

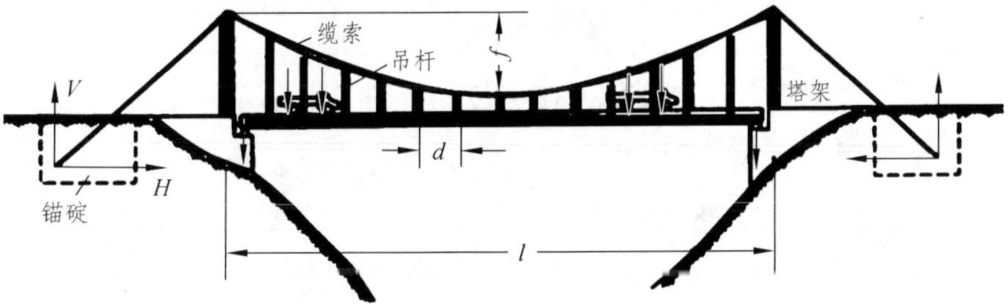

图 2-33　悬索桥传力途径示意

图 2-34 展示了两座世界闻名的悬索桥——美国旧金山的金门大桥和日本的明石海峡大桥。金门大桥是旧金山的地标性建筑，1937 年建成，主跨 1 280 m。明石海峡大桥是目前世界上跨度最大的悬索桥，它建于 1998 年，主跨 1 991 m。然而，这座桥最初设计的主跨跨度是 1 990 m，但是在建造的过程中，发生了一次强烈地震，震后工程人员发现地震把两个主塔之间的距离拉开了 1 m，于是将计就计，才有了现在 1 991 m 的主跨。

（a）金门大桥（主跨 1 280 m）

（b）明石海峡大桥（主跨 1 991 m）

图 2-34　悬索桥

4. 斜拉桥

斜拉桥又称斜张桥，是将主梁用许多拉索直接拉在桥塔上的一种桥梁，是由承压的塔、受拉的索和承弯的梁体组合起来的一种组合体系结构。其可看作由拉索代替支墩的多跨弹性支承连续梁。其可使梁体内弯矩减小，具有降低建筑高度、减轻结构重量、节省材料的优点。斜拉桥主要由索塔、主梁、斜拉索组成。斜拉桥一般跨径 300 ~ 1 000 m，在这一跨径范围，斜拉桥与悬索桥相比，具有较明显优势。斜拉桥的传力途径如图 2-35 所示。

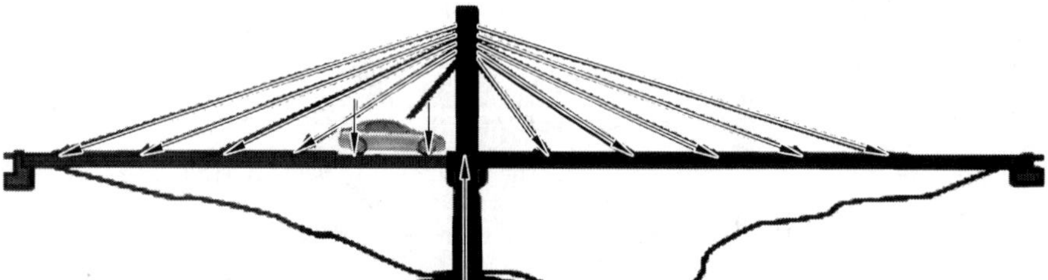

图 2-35　斜拉桥传力途径示意

图 2-36 给出了两座比较著名的斜拉桥。一座是日本的多多罗大桥，这座桥是 1998 年建成的，主跨 890 m。2008 年，我国的苏通长江大桥建成，一举把斜拉桥主跨增加到了 1 088 m，成为世界第一，直到 2012 年俄罗斯岛斜拉桥（主跨 1 104 m）建成。

（a）日本多多罗大桥（主跨 890 m）

（b）我国苏通长江大桥（主跨 1 088 m）

图 2-36　斜拉桥

2.4.3　桥梁典型震害现象

对先前地震中出现的桥梁震害开展调查研究，并且从中总结和吸取经验教训，是桥梁抗震研究的重要手段。从桥梁结构破坏形态和破坏位置来划分，桥梁的典型震害可分为主梁移位及落梁、墩柱破坏、桥台破坏、支座破坏、挡块破坏、地基及基础破坏等。下面将以汶川地震中的桥梁震害为例展示各种桥梁典型震害。

1. 主梁移位及落梁

主梁移位震害包括纵桥向移位（图 2-37）、平面转动（图 2-38）和横桥向移位（图 2-39）。平面转动震害主要出现在斜交桥中。主梁移位在汶川地震重灾区的桥梁中比较普遍。当主梁移位大到一定程度，就会发生主梁从桥墩落下的破坏，见图 2-40。落梁是桥梁最严重的震害之一，是主梁移位的极端形式。桥梁作为重要的生命线工程，一旦发生落梁，整个道路将被中断，短期修复难度极大，严重影响抗震救灾，是桥梁抗震设防中需要极力避免的情况。

图 2-37　桥梁的纵向移位

图 2-38　桥梁的平面转动

图 2-39　桥梁的横桥向移位

图 2-40　汶川地震中的桥梁落梁震害

2．墩柱破坏

墩柱破坏主要原因包括弯曲强度不足、弯曲延性不足、纵筋搭接区的抗弯能力以及剪切强度不足等，破坏形式主要表现为桥墩开裂、混凝土压溃、钢筋裸露弯曲等（图 2-41）。墩柱的破坏往往引起连锁反应，如落梁、整个结构的倒塌等。

图 2-41　桥梁墩柱震害

3. 桥台破坏

由于桥台后填土与桥台并非完全固结，在地震作用下，桥梁与桥台之间的冲撞会使桥台有向桥跨方向移动的趋势。由于桥面的支撑作用，桥台将以桥台顶端为支点产生竖向旋转，从而导致桥台基础破坏。若桥台基础建造在液化土上，则可能引起桥台垂直沉陷，导致桥台破坏（图 2-42）。

图 2-42　桥台的震害

4. 支座破坏

支座破坏是桥梁上部结构中最常见的一种破坏现象，主要是由梁的纵、横向位移过大导致。在汶川地震中，支座破坏主要表现为支座脱空、撕裂及滑移，见图 2-43。

图 2-43　支座破坏

5. 挡块破坏

在桥梁工程中，挡块是设置于桥墩和桥台上且置于盖梁两侧的抗震构造，其目的是防止主梁在横桥向发生落梁现象。挡块作为一种抗震构造，其破坏在桥梁震害中非常常见（图 2-44）。

图 2-44　挡块破坏

6. 地基及基础破坏

地基破坏主要是指因砂土液化、不均匀沉降及稳定性不够等因素引起的地层水平滑移、下沉、断裂。桥梁基础的破坏与地基的破坏紧密相关，当桥梁结构周围的地基受到地震作用强度降低时，基础就会发生沉降或滑移，桩基础可能发生剪断、倾斜破坏，进而引起墩台倾斜、倒塌或折断，见图 2-45。

图 2-45　地基及基础震害

7. 次生灾害对桥梁的破坏

上述桥梁震害都是地震导致的直接震害。而地震也会诱发次生地质灾害，桥梁受地质灾害影响会发生间接震害。根据调查，汶川地震中倒塌的桥梁中有 40%是由于次生地质灾害造成的，比如山体滑坡等。图 2-46 给出了因为次生地质灾害造成的桥梁破坏情况。

（a）映秀至汶川公路一碗水顺河桥被崩塌体砸毁

（b）彻底关大桥映秀岸垮塌

（c）映秀至汶川公路电站沟桥被落石砸垮

（d）连接岷江两岸的桥梁被落石砸垮

（e）映秀至卧龙公路鱼子溪 2 号桥被落石砸垮

（f）映秀至汶川公路桃关岷江桥被落石砸垮

图 2-46　次生地质灾害造成的桥梁破坏

2.4.4　桥梁震害特征

桥梁震害根据破坏程度不同，分为严重震害、中等震害、轻微震害。严重震害指桥梁的承载能力有损失，只有重建才能再继续满足使用要求。中等震害指桥梁承载能力基本上没损失，震后需要进行加固维修才可以使用。轻微震害指桥梁结构无任何损伤，只是附属结构发生了破坏，震后只要经过简单维修，就可以使用。通过对汶川地震桥梁震害的调查，我们得出的桥梁震害主要特征有：

1. 次生地质灾害对桥梁的破坏力巨大

在极重灾区国省主干线破坏严重的 25 座桥梁中，有 10 座桥梁破坏为次生地质灾害所致，比例高达 40%。次生地质灾害是本次地震极重灾区桥梁破坏的一个主要原因，也是此次地震桥梁震害有别于近 50 年间的几次大地震中桥梁震害的一个突出特点。

2. 近断层影响大

穿越地表活动断裂带及断裂带附近 2 km 范围内的桥梁容易发生毁灭性的严重震害。

3. 弯、斜桥破坏比直线桥严重

在山区建桥，为满足山区地形，桥梁多为弯桥或斜桥。汶川地震中，弯桥和斜桥破坏的比例比直线桥要更严重。这是因为弯、斜桥在地震中会发生移位、转动的协调变形，比如在发生纵桥向移位的时候，还会发生转动，使墩梁相对位移增大，造成桥梁结构破坏。

4. 桥梁长度、墩高对桥梁抗震影响大

桥长较短的桥梁由于桥台的约束作用，对防止落梁起到了贡献，因此长度较短的桥梁比较长的桥梁破坏轻；只有一联的桥梁，其震害比多联的且桥长相对较长的也要轻。高墩桥梁发生落梁震害的风险更大。

5. 整体性差的桥梁的破坏严重

平武县的南坝大桥在地震时正在施工，桥面铺装及空心板间企口缝还未浇注，大部分空心板都落入了河中。这也提醒设计人员，施工中的桥梁，可能也要注意做一些抗震设防的构造措施。

6. 不同桥型的抗震能力有差别

连续梁桥由于各墩刚度差异大、不同桥墩分担的地震水平力差异过大，造成桥墩破坏比简支体系桥梁严重。相比简支梁和连续梁桥，汶川地震中许多拱桥的抗震性能表现较好，尤其是单跨拱，只要两端地质条件好，主拱圈基本完好。

2.4.5 桥梁抗震措施

桥梁的抗震设计需从以下四个方面入手：

1. 桥位选择

选择桥位时，应综合考虑经济性和抵抗灾害的能力。首先应该远离地震断层。以图 2-47 所示的百花大桥为例，该桥距离映秀震中仅数千米，近断层地震动造成桥梁发生了严重震害。此外，桥位应避绕地震时可能发生滑坡、崩塌，暗河、溶洞、采空矿穴可能塌陷的地段。对河谷两岸可能发生滑坡、崩塌导致堵河成湖的地段，应估计其淹没河段堵塞体溃决的影响范围。

图 2-47　百花大桥全桥损毁

桥位选择的几个原则如下：①桥渡位置应选在地基良好和稳定的河岸地段，若必须通过软弱土河段，则采用桥渡与河流正交，并适当增加桥长，将桥台放在稳定的河岸上。②桥梁墩台基础设计应避开断裂带；当断裂带很宽而不能采用大跨径跨越时，应避开破碎带。③桥墩不宜设在主河槽与河滩分界的地形突变处，也不宜设在河岸斜坡处，否则应采取抗滑和加固措施，避免桥墩滑移或被剪断。④在地基软弱、地震时地基易于液化失效的地方，桥墩基础宜采用深基础。⑤为防止地基液化，还可采用挤密砂桩等加固措施。

2. 抗震概念设计

抗震概念设计主要涉及桥梁规模的选择、桥型选择、抗震方案选择及构件形式选择四个方面，对桥梁的抗震性能均有根本性影响，应坚持桥梁抗震设计以概念设计优先的理念，合理确定桥梁规模，选择抗震方案及构件形式。混凝土墩台应尽量减少施工缝；在墩身与承台和墩帽连接处，采取局部加强的构造措施，以保证接缝处混凝土的整体性。地震区的桥梁宜采用等跨布置，且宜以桥代替陡坡填方。为了防止落梁，应加强梁部结构与墩台的连接，保证支座部件和支座与梁、墩台顶帽连接锚栓的强度。

3. 抗震计算——参数设计

以结构动力学为基础，开展桥梁结构抗震的参数设计，主要包括地震作用计算、构件强度验算、结构和支座变形验算等，其目的是通过科学合理的计算，检验结构的抗震性能。

4. 抗震构造

构造是实现抗震设计的最终手段，无论是概念设计、抗震计算，最终都将通过抗震构造来实现，例如支座的厚度、箍筋的多少、构件的尺寸。自 20 世纪 60 年代起，利用结构振动控制理论来减小地震力的工程抗震技术，已越来越多地用于新桥的抗震设计和既有桥梁的抗震改造和加固中。同传统的抗震设计方法（强度、延性设计方法）不同，结构控制方法可通过减震、隔震装置来消耗地震能量，同时阻止振动在结构上的传播；或者，对结构施加外部能量以抵消或消耗地震作用。一般前者称为结构被动控制，应用较为广泛；后者称为结构主动控制，理论上更为有效。被动控制以隔震耗能为目的，对普通梁式桥一般采用各种特殊支座（如叠层橡胶支座、铅芯叠层橡胶支座、螺旋弹簧支座等）作为隔震器；对大跨度桥梁，往往设置各种阻尼器（如弹塑性阻尼器、黏性阻尼器、油压阻尼器等）作为耗能装置。

2.5 隧道震害及抗震工程措施

隧道是埋置于地层内的工程建筑物，是人类利用地下空间的一种形式，一般可分为交通隧道、水工隧道、市政隧道、矿山隧道等。隧道的结构包括主体建筑物和附属设备两部分。主体建筑物由洞身和洞门组成，附属设备包括避车洞、消防设施、应急通信和防排水设施，长大隧道还有专门的通风和照明设备。

隧道是支持社会活动的重要基础设施，一般都要投入巨额的初期建设资金，建成后也难于更换和扩建。由于使用期长，因此对抗震性的要求也比较高。依据最近 40 年的抗震经验，人们普遍认为地下结构物比地上结构物的震害少。但地下结构物地震时的位移、变形是与周边地层的位移及其分布紧密相关的，特别是建设在软弱地层中的地下结构物，其震害更为严重。表 2-3 列出了国内外部分公路、铁路、地铁与输水隧洞震害实例。

表 2-3　国内外部分公路、铁路、地铁与输水隧洞震害实例

编号	地震名称	时间	国家	震级	隧道震害情况
1	旧金山大地震	1906	美国	8.3	严重损坏了横穿圣安德烈斯断裂的两座隧道，损坏主要是木梁柱折断，轨道上凸，奈特一号隧洞水平错动 1.37 m
2	关东大地震	1923	日本	7.9	城市地下管网损坏严重：用铅接口的普通铸铁输配水管道，大多损坏。震区铁路线上 116 座隧道有 82 座遭到破坏或发生变形、边墙塌落、衬砌开裂等

续表

编号	地震名称	时间	国家	震级	隧道震害情况
3	伊豆地震	1930	日本	7.3	1 座跨断层的在建铁路隧道发生极为严重的震害，偏移量超过 100 cm
4	福井县地震	1948	日本	7.3	隧道发生落石、裂隙等轻度破坏。三通管受剪切，其前后的承插接头均发生松脱。给水栓受到剪切而损裂或弯曲的甚多。距福井较近的丸冈町地区，给水设施也几乎全毁
5	克思地震	1952	日本	7.7	穿越发震断裂带白狼断裂的 4 条铁路隧道边墙扭曲，地面（洞壁）出现大裂缝和洞顶穿透等严重破坏
6	北美浓地震	1961	美国	7.0	2 座引水隧道出现地震裂缝
7	新潟地震	1964	日本	7.5	20 座铁路隧道和 1 座公路隧道遭受大面积震害
8	十胜近海地震	1968	日本	7.8	给水管道根据其埋设的地基土性质不同而受到不同程度的破坏，土中含水量大的地区，管道损坏严重。凡建造在对场地土进行选择或处理地段的给水设施，震后损坏较微，在回填土中的给水设施（如联络管、闸门等），因土层下沉而损坏的情况严重
9	云南通海地震	1970	中国	6.8	公路涵洞及隧道洞口段坍塌
10	圣费尔南多地震	1971	美国	6.6	邻近断层带的 5 座隧道受到不同程度的损坏，出现衬砌破碎剥落、衬砌错位，并出现纵、横向裂缝，其中 2 座穿越或靠近断层的隧道损坏较为严重
11	伊豆大岛近海地震	1978	日本	7.8	9 座铁路隧道和 4 座公路隧道遭受极为严重的震害，4 座隧道中等震害，3 座震害轻微
12	浦河近海地震	1982	日本	7.1	6 座浦河附近的铁路隧道发生轻微震害
13	海中部地震	1983	日本	7.7	8 座秋田等地的铁路隧道发生轻微震害
14	长野县西部地震	1984	日本	6.8	1 座跨断层的输水压力隧道出现地震裂缝
15	千叶县东近海地震	1987	日本	6.7	1 座在神奈川县和山梨县边境的铁路隧道边墙发生震害

续表

编号	地震名称	时间	国家	震级	隧道震害情况
16	北海道西南近海地震	1993	日本	7.8	1 座公路隧道直接被地震落石击中发生严重震害
17	能登半岛近海地震	1993	日本	6.8	1 座景区公路隧道发生严重震害
18	埃尔津詹地震	1939	土耳其	7.8	1 座毗邻滑坡的公路隧道发生严重震害，后被废弃
19	伊尔皮纳地震	1980	意大利	6.9	帕翁塞利输水隧道在跨断层的多个部位震害严重
20	曼吉勒地震	1990	伊朗	7.4	1 座跨断层的公路隧道洞口发生变形，洞内排水沟压溃
21	埃尔津詹地震	1992	土耳其	6.9	3 座铁路隧道洞口发生严重震害
22	集集地震	1999	中国	7.6	位于断层上盘的50座隧道中，有 5 座未发生震害，21 座震害轻微，11 座发生中等程度震害，13 座震害严重。位于断层下盘的 6 座隧道中，3 座无震害现象，2 座震害轻微，只有 1 座震害严重。因此，位于断层上盘的隧道结构更易遭受震害

我国大量的隧道修建于 20 世纪 90 年代以后，在汶川地震之前尚未经受过破坏性地震的考验，缺乏系统性的隧道抗震及减震技术研究资料。汶川地震共造成 21 条高速公路、16 条国省道干线公路、2.4 万千米农村公路的路基、路面、桥梁、隧道等构（建）筑物不同程度受损，通往汶川、北川、茂县、青川等地的交通完全中断。

2.5.1 典型隧道震害

汶川地震后，相关部门对汶川地震重、极重灾区国省干线及典型县乡道路公路隧道，共计 18 条线路 56 座隧道进行了震害调查。调查结果及图片见图 2-48、图 2-49。

1. 典型震害概况

根据震害调查发现，断层破碎带段隧道结构震害最为严重，洞口结构次之，普通段隧道结构震害最轻。

（1）断层破碎带段震害。

震区内有 6 座穿越断层破碎带的隧道受到较为严重的震害，分别是友谊隧道、白云顶隧道、紫坪铺隧道、龙洞子隧道、龙溪隧道和酒家垭隧道。其中，酒家垭隧道处于 9 度及 9 度以下烈度区，其他五条隧道处于 9 度以上烈度区。

① 9 度及 9 度以下烈度区断层破碎带段隧道结构震害。

9 度及 9 度以下烈度区只有酒家垭隧道，其穿越断层部分震害类型有衬砌开裂、混凝土掉块、二衬垮塌、隧道垮塌、施工缝开裂、衬砌渗水等，如图 2-50 所示。

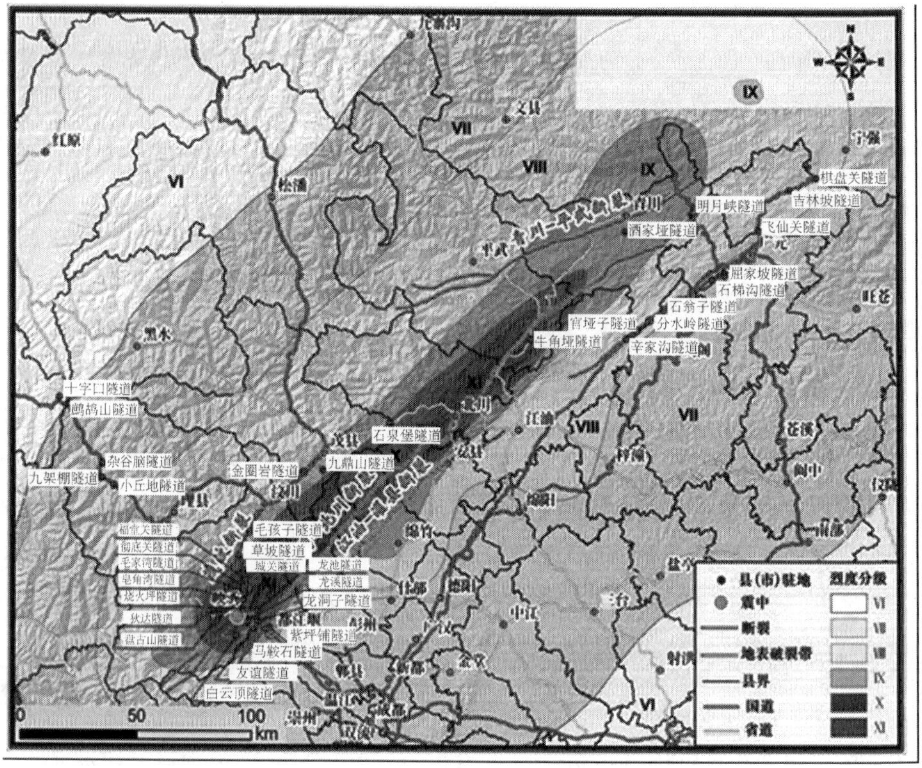

图 2-48　四川震区公路隧道震害

（a）龙溪隧道出口巨石堆积洞口

（b）白云顶隧道衬砌严重裂、错位

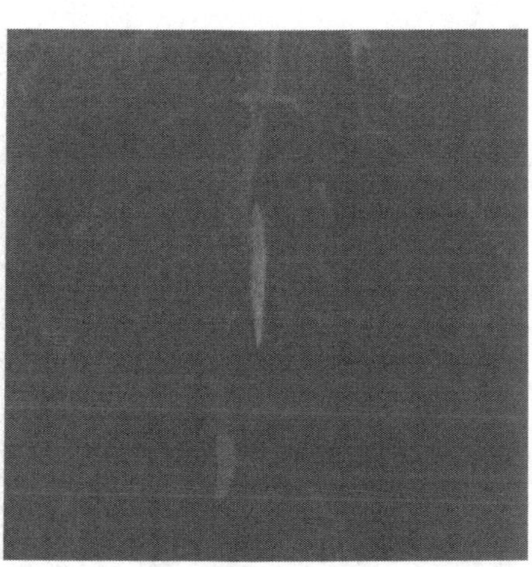

（c）酒家垭隧道二衬剥落悬吊

（d）酒家垭隧道洞口仰坡滑塌

图 2-49　汶川地震隧道震害实例

图 2-50　酒家垭二衬垮塌

② 9 度以上烈度区断层破碎带段隧道结构震害。

友谊隧道、白云顶隧道、紫坪铺隧道、龙洞子隧道、龙溪隧道处于 9 度以上烈度区域。以上隧道在过断层段附近出现各种形式破坏，包括衬砌开裂、错台，混凝土剥落，施工缝开裂，隧道垮塌、二衬垮塌和坍方等，如图 2-51 所示。相对于普通段的破坏，断层影响带隧道垮塌和二衬垮塌这样严重阻碍隧道交通以及抢修的灾害出现的概率大大增加。友谊隧道、龙溪隧道过断层段二衬几乎全部垮塌，龙溪隧道有的位置可以透过垮塌的二衬看见初衬和部分围岩塌落至防水层。白云顶隧道断层影响带也出现了二衬垮塌。此外，其他震害如二衬开裂、路面开裂等危害相对较小的破坏形式在断层影响带内也更加严重。

（2）洞口结构震害概述。

隧道洞口是隧道唯一暴露的部位，所处地质条件一般较差（一般为比较严重的风化堆积体、土体），埋深一般较浅，故震害及次生灾害发生较多。震区共有位于地震烈度9度及9度以下隧道25座，9度以上隧道15座。

（a）龙溪隧道垮塌，钢拱架扭曲变形

（b）龙溪隧道二砌垮塌

（c）龙溪隧道拱部坍方

图2-51　断层破碎带段隧道结构震害

① 9度及9度以下地震区隧道洞口结构震害。

位于地震烈度6度的隧道洞口结构未出现震害；位于地震烈度7度和8度的隧道均有一座隧道洞门墙帽石被落石砸坏；位于地震烈度9度的隧道中单坎梁子、草坡和耿达隧道仅边仰坡、洞门墙和明洞出现了震害（图2-52），且主要为次生灾害引起的，酒家垭隧道洞口段衬砌出现了二衬垮塌、混凝土掉块/剥落等影响车辆通行的严重震害。

② 9度以上地震区隧道洞口结构震害。

位于地震烈度10度区的盘龙山、紫坪铺、友谊和马鞍石隧道边仰坡崩塌、滑塌及落石，洞口段衬砌破坏较严重，出现了衬砌开裂等震害；白云顶隧道边仰坡出现崩塌、滑塌及落石，洞门端墙被砸坏，洞口段衬砌破坏严重，出现了混凝土掉块、剥落以及二衬垮塌等影响车辆通行的严重震害。

位于地震烈度9度区的毛家湾、福堂坝、皂角湾、彻底关和桃关隧道仅隧道洞外结构出现了震害，且主要为次生灾害引起的；龙洞子、牛角垭和烧火坪隧道边仰坡出现崩塌、滑塌，掩埋洞口，洞门墙被砸坏，洞口段衬砌破坏较严重，出现了衬砌开裂等震害；龙溪和龙池隧道边仰坡出现小的滑塌，洞口段衬砌破坏严重，出现了混凝土掉块、剥落以及二衬垮塌等影响车辆通行的严重震害。如图 2-53 所示。

（a）草坡隧道进口崩塌，掩埋洞口

（b）耿达隧道洞口段明洞被砸穿

图 2-52　断层破碎带段隧道结构震害

（a）桃关隧道洞门端墙开裂，拱圈损坏

（b）龙溪隧道左洞进口拱部二次衬砌垮塌

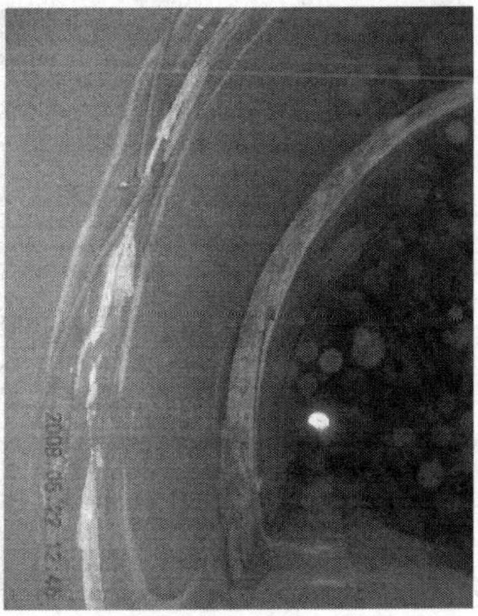

（c）白云顶隧道洞口段衬砌环向错台

图 2-53　隧道洞口结构震害

2. 震区震害类型

通过震区现场调查，震区公路隧道震害可分为 14 种类型。

（1）隧道拱部震害类型。

拱部衬砌结构震害类型有：A. 衬砌开裂（裂纹清晰，有一定走向）；B. 衬砌开裂（不能确定裂纹方向，呈片状或网状）；C. 混凝土剥落；D. 衬砌错台；E 混凝土掉快；F. 二次衬砌垮塌；G. 隧道垮塌；H. 施工缝开裂；J. 衬砌渗水。见图 2-54。

（a）龙洞子隧道衬砌斜裂缝

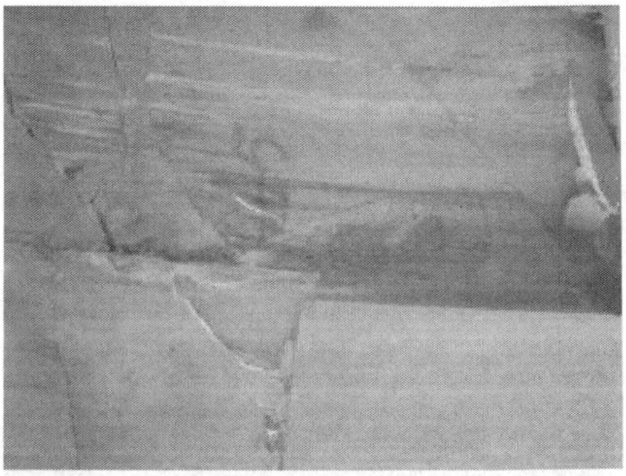

（b）龙溪隧道衬砌裂缝纵横交错，形成碎裂

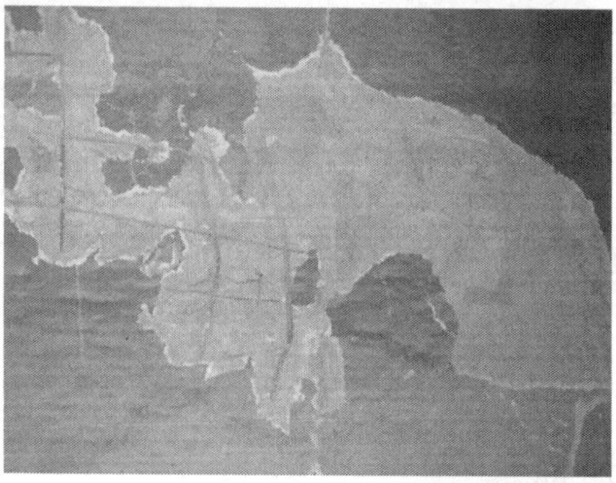

（c）友谊隧道混凝土剥落、主筋裸露

（d）酒家垭隧道衬砌掉块悬挂

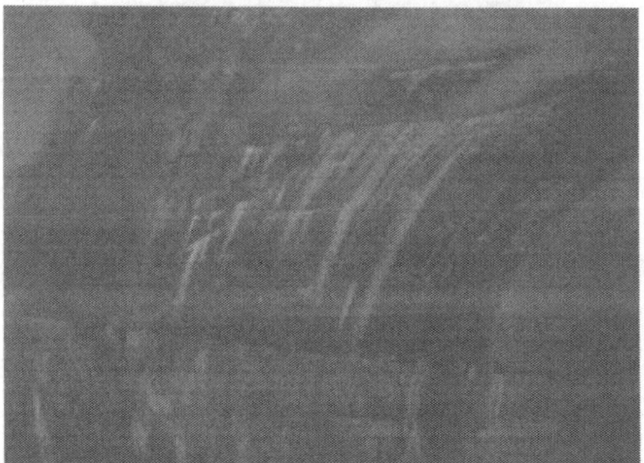

（e）友谊隧道衬砌斜向开裂密布并渗水

图 2-54　隧道拱部震害

（2）隧道底部震害类型。

隧道底部震害类型有：K. 路面开裂（裂纹清晰，有一定走向）；L. 路面开裂（不能确定裂纹方向，呈片状或网状）；M. 仰拱错台；N. 仰拱隆起；P. 路面渗水。见图 2-55。

（a）龙溪隧道路面纵向开裂

（b）友谊隧道路面裂缝满布，横向开裂加剧

（c）龙溪隧道仰拱错台

（d）龙溪隧道仰拱填充隆起、碎裂

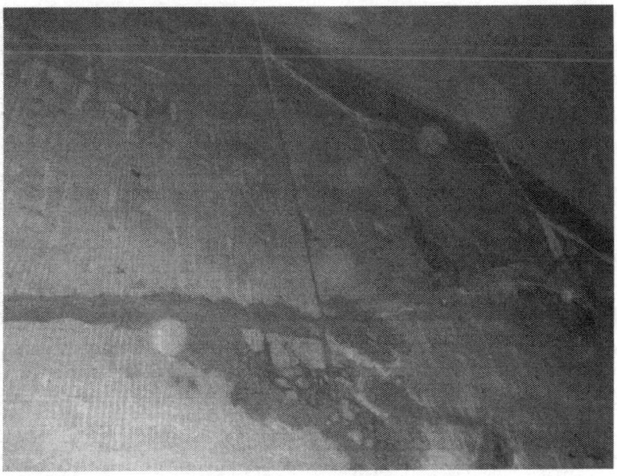

（e）白云顶隧道路面开裂渗水

图 2-55　隧道底部震害

3. 震害特征

（1）隧道震害整体特征。

① 6 度地震区，隧道均未破坏。

② 7 度地震区，出现落石灾害，砸坏洞门、边仰坡结构。

③ 8 度地震区，衬砌出现轻微开裂、渗水。

④ 9 度地震区，衬砌开裂严重，出现网状开裂、大面积渗水；出现混凝土剥落、掉块，甚至衬砌垮塌等严重震害类型；洞口边仰坡出现滑塌、崩塌，堵塞洞门。

⑤ 10 度地震区，二衬垮塌增多。

⑥ 11 度地震区，出现围岩垮塌。

（2）隧道断层段震害特征。

① 滑动断层隧道：出现了二衬垮塌、围岩垮塌等严重的震害类型。

② 非滑动断层隧道：出现了二衬垮塌震害类型。

（3）隧道洞口段震害特征。

① 隧道边仰坡在地震烈度为 8 度及 8 度以下时无震害，在 9 度及 9 度以上区均出现崩塌和滑塌。

② 洞门结构在地震烈度为 8 度及 8 度以下时仅出现洞门墙帽石被落石砸坏的震害，在 9 度时出现了洞门墙开裂的震害，在 9 度以上区域隧道洞门墙均出现开裂震害，9 度区的龙洞子和桃关隧道洞门出现了断裂震害。

③ 明洞震害较轻，仅耿达隧道明洞被落石砸穿、桃关隧道明洞上方有落石堆积。

④ 按 7 度设防的隧道洞口段衬砌在地震烈度为 8 度及 8 度以下时震害较轻（少数隧道出现轻微裂缝），未出现二衬垮塌、隧道垮塌等严重震害；在地震烈度为 9 ~ 10 度时，出现了二衬垮塌这样严重的震害类型，但未出现隧道垮塌；在地震烈度为 11 度时，出现了隧道垮塌这样最为严重的震害类型。

⑤ 软岩隧道洞口浅埋段由于考虑了抗震设防，未出现二次衬砌垮塌这样严重的震害类型；软岩隧道洞口过渡段出现了二次衬砌垮塌这样严重的震害类型（龙溪隧道和酒家垭隧道）。

2.5.2 隧道抗震减震措施

本质上，造成隧道震害的原因主要有两个：地震惯性力和强制位移。地震惯性力造成的隧道震害多发生在边仰坡、洞门、明洞结构以及洞口浅埋段隧道衬砌等处，强制位移造成的隧道震害主要发生在断层破碎带段隧道结构、软硬岩交界面附近等处。

因此，减轻隧道及地下结构的地震灾害，主要有两种途径：第一种途径是通过改变隧道结构本身的性能，如减小隧道地下结构的刚性，使之易于追随地层的变形，从而减小地下结构的响应；第二种途径是在地下结构与地层之间设置减震层，使地层的变形难于传递到隧道地下结构上，从而使隧道结构的地震响应减小。

具体的抗震措施主要有：

1. 加固洞室围岩

洞室在遇到上述不良地质体时，应采取妥当措施对洞室围岩进行加固，以保证洞室的静动力稳定性。目前，对地下洞室围岩的加固措施主要有两种：一是采用锚杆和锚索进行加固；二是采用灌浆技术，通过对松散破碎的围岩进行注浆，提高围岩的整体强度，以便充分发挥围岩的自承能力，也可以连同锚杆和锚索形成牢固的整体组合梁结构。

2. 改变地下结构本身性能

该方法主要是通过改变地下结构刚度、质量、强度、阻尼等动力特性来减轻地震对地下结构的影响。一种思路是增加地下结构的刚度，做成“刚性结构”，使地下结构的地震反应接近于地面结构地震反应。但是，为了增加地下结构的刚性，必然要增加材料的用量，这将使地下结构的质量增大，地震荷载也将增大。由此可见，采用刚性结构既不经济，而且破坏危险性也大。其实，可以通过选取低密度的减震材料，或利用柔性管片接头和采用钢筋混凝土材料等措施，增加地下结构的延性和阻尼。比如，采用轻骨料混凝土，减轻混凝土的质量，从而减小地下结构的地震反应；或是，采用钢纤维混凝土抗裂及裂而不溃的性能，提供隧道在大震时的巨大安全储备，也使隧道便于修复，大大降低了隧道运行期间的维修费用，远期效果显著。

2.6 地震预警及高铁预警系统

自 2008 年汶川地震发生至今已有 12 年，科学技术得到了快速的发展。如何利用先进的科学技术来减轻地震带来的危害成为科研人员所关注的热点问题。相关研究结果表明，汶川地震发生后，若北川提前 31 s 预警，青川提前 55 s 预警，可减少人员死亡约 2 万 ~ 3 万。可见地震预报和地震预警是降低人员伤亡的两种重要途径。习近平总书记在 2018 年 5 月 12 日向汶川地震 10 周年国际研讨会暨第四届大陆地震国际研讨会的致信中强调：“人类对自然规律的认识没有止境，防灾减灾、抗灾救灾是人类生存发展的永恒课题。科学认识致灾规律，有效减轻灾害风险，实现人与自然的和谐共处，需要国际社会的共同努力。”

作为一种极其重要的自然现象，人们对地震的认识也逐渐由浅到深、由宏观现象到微观机制。然而，地震预报至今仍是一个世界性的科学难题。目前没有一套成熟的技术，能够相对准确地预测地震发生的时间、地点以及震级，需要进一步对其研究和探索。地震预报是指在地震发生前，对未来地震发生的震级、时间和地点进行预测预报，并及时公布于众，以减少人员伤亡和财产损失。古人对地震来临时动物的异常现象进行了归纳总结，以此来判断地震是否可能发生，如："牛羊骡马不进圈，老鼠搬家往外逃；鸡飞上树猪乱拱，鸭不下水狗狂咬；冬眠蛇儿早出洞，鸽子惊飞不回巢；兔子竖耳蹦又撞，鱼儿惊慌水面跳。"相关研究成果表明该经验具有一定的科学依据。地震是由岩石破裂所产生的，岩石破裂会产生一定的热量和微量元素。这些热量和微量元素是人类感觉不到的，但是动物对这种变化非常敏感，因此会表现出异常现象，从而起到一定的地震预报作用。但是上述联系是有条件的，不是凭空猜想的，不能凭空"创造"事物间的联系。自然界的许多奇异变化，并不都是地震前兆。动物的异常现象并不表明一定会发生地震，这就需要加强自身思想认识，识别出这些变化的原因，并确定是否与地震有关，不可盲目传谣信谣。《中华人民共和国治安管理处罚条例》中明确规定：散布谣言、谎报险情、疫情、警情或者以其他方法故意扰乱公共秩序的，处 5 日以上 10 日以下拘留，可以并处 500 元以下罚款。情节较轻的处 5 日以下拘留或 500 元以下罚款。因此，要正确认识地震信息，切勿信谣、造谣和传谣。

地震预警是指在地震发生以后，在地震波传播到设防地区前，向设防地区提前几秒至数十秒发出警报，以减小当地的损失。地震预报不等于地震预警，地震预报是对尚未发生但有可能发生的地震事件事先发出通知。地震预警则是针对突发性的大地震已经发生了抢在严重灾害形成之前发出警告，并采取紧急措施来减少人员伤亡。地震预报是地震发生前的范畴，地震预警则属于地震发生之后的范畴。《国家综合防灾减灾规划（2016—2020 年）》强调："加强自然灾害早期预警、风险评估信息共享与发布能力建设，进一步完善国家突发事件预警信息发布系统，显著提高灾害预警信息发布的准确性、时效性和社会公众覆盖率。"因此，开展地震预警系统建设是十分必要的。

针对如何实现地震预警，以闪电和打雷现象为例进行说明：在观察到闪电后，可以准确地预知打雷发生的时间。这是因为闪电和打雷虽然是同时发生的，但光波速度与声波速度存在差异，导致两者出现不同步。与之相似，地震是由岩石发生破裂产生的，岩石破裂会产生多种地震波，如 P 波、S 波等。其中 P 波的传播速度快、能量小、破坏性小，S 波传播速度慢、能量大、对结构物的破坏性大。在地震发生后，当检测到速度快、破坏力小的 P 波后，利用 P 波与 S 波之间以及电磁波与地震波之间的速度差，可以在破坏性地震波尚未到达之前发出警报，以此实现地震预警。目前，我国地震预警技术较为成熟。我国四川地区搭建了安装有大量地震监测点的预警网络，已实现对数百次地震的成功预警。2013 年芦山地震发生时，成都市主城区提前 28 s 接收到预警信息，提前 21 s 得知预估的地震烈度为 4.5 度，雅安主城区提前 5 s 接收到预警信息。虽然预警时间较短，但对保障人民在地震过程中的生命财产安全十分重要。理论研究结果表明，预警时间提前 3 s，伤亡减少率为 14%；预警时间提前 10 s，伤亡减少率为 39%；预警时间提前 20 s，伤亡减少率为 63%。

然而，地震预警系统仍存在一定的局限性。首先是地震预警系统的预警盲区问题（图 2-56）。在震动强烈的区域，亟须预警信号，但预警时间较短。在震动较弱的地区，预警时间较长，但预警需求不大。其次是地震预警系统的预警精度问题。比如，地震区域所设置的台站较少会导致地震预警系统出现误报。而且，精确地估算震级是十分困难的，特别是大地震。如果恰巧接连几个地震同时发生，则估算震级更加困难。此外，现阶段对于地震烈度的估计是用简单的地震动衰减关系确定的，精度较低，特别是场地条件比较特殊的情况。最后就是地震预警系统需要大量的经费支持。有效的预警基于有效的监测，想要对地震有快速的反应，必须有足够精密的监测设备。

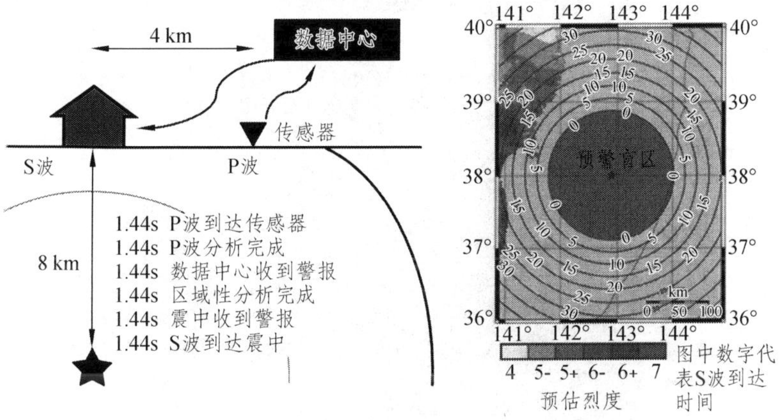

图 2-56　地震预警系统的预警盲区问题

在线路交通运营方面，当列车在低速运行时地震的危害性不是很突出，但当速度超过 200 km/h 时，即使是较小的地震也可能造成列车出轨甚至翻车的重大安全事故。比如 2010 年 3 月 5 日，台湾高雄发生里氏 6.7 级地震，造成台湾高铁出轨。乘客形容当时就像是坐云霄飞车，一路颠簸急速跳跃。2004 年 10 月 24 日，日本新潟地震中，运行中的新干线列车发生严重的脱轨事故，由 10 节车厢组成的列车中有 2 节车厢脱轨。可见，当列车运行速度达到 200 km/h 时，地震对路基、桥梁、隧道、轨道等结构的冲击都可能在极短时间内造成十分严重的损失和人员伤亡。

目前，世界各国均十分重视高铁地震监测。比如：1995 年日本阪神 7.2 级地震造成列车脱轨及轨道结构和下部基础严重破坏；2004 年日本新潟 6.8 级地震造成新干线列车 10 节中 2 节车辆脱轨；2016 年日本熊本 6.5 级地震造成新干线列车 6 节车辆全部脱轨。日本在 311 地震之后，新干线被誉为世界上最安全的高铁。在 2016 年日本熊本 6.5 级地震发生时，6 节车厢正在回归检修库，运行速度较慢。由于过弯道的时候发生了熊本地震 6.5 级，造成 6 节车厢全部脱轨，其脱原因是地震发生后，桥梁附近的地震监测点发生漏报造成列车全部脱轨。如图 2-57 所示。

图 2-57　地震造成的列车脱轨

鉴于地震是高速铁路运营安全的潜在威胁，高速铁路较为发达的日本、法国、德国、韩国以及中国台湾地区等，均建立了地震监测与紧急处置系统，以防止或减轻地震灾害对铁路运输安全的危害。按照报警时效性来分，地震监控系统一般分为两类——报警系统和预警系统。地震报警系统主要通过监测 S 波，当地震动加速度达到一定阈值后发出警报，采取相应应急措施减少灾害损失；而地震预警技术则是利用 P 波和 S 波的速度差（本地预警）、电信号和地震波的速度差（异地预警），在地震发生后，当破坏性地震波尚未来袭前发出预警，从而采取相应措施，避免重大的人员伤亡和经济损失。

20 世纪 50 年代后半叶，日本开始发展针对铁路的地震监测系统。1964 年，世界上首条高速铁路东海道新干线开通，1965 年日本新干线地震监测与预警系统首先布设于东海道新干线。迄今为止日本铁路有关预警系统开发大致分为四代，第一代系统为 S 波报警系统（1964—1991 年），在新干线沿线布设机械式地震仪（后期也采用电气式），只检测地震 S 波，当水平向加速度达到 40 gal（$1\ \text{gal}=0.01g=1\ \text{cm/s}^2$）以上时切断供电。第二代系统为海岸 S 波监测系统，在沿海岸边布设地震仪，也只监测 S 波，因布设位置更接近发生地震的海沟，可较快检测到地震波，报警阈值也是 40 gal。第三代为单点

P 波报警系统 UrEDAS（1992—2004 年），它不仅监测 S 波，还可以监测 P 波实现单点 P 波预警，从监测的 P 波推算地震规模，进而控制接触网停电。UrEDAS 系统是利用地震 P 波和 S 波信息快速估计地震参数，并结合已有震害统计结果有针对性地发布地震预警信号的智能系统，其可在监测到地震 P 波后 3 s 之内估算出地震参数（震中方位、震级、震中距、震源深度），并发出第一次警报，当 S 波到达后发出第二次警报，在第一个台检测到 P 波后 2 min 内，中心台将接收到的各台报警信息进行综合判别处理，系统自动发出地震警报。第四代为地震预警网络系统，其推测地震的计算方式与 UrEDAS 稍有不同，可以单独动作向变电所发出停电指令，也可通过网络把信息送到中央服务器，根据地震规模去控制另一台地震仪。第四代系统采用多点 P 波预警与 S 波监测并行，将 P 波地震仪和 S 波地震仪分为预警性地震仪和控制性地震仪，P 波检测设备间可互相通信，缩短预警时间。目前，日本地震计平均间隔 20 km，逐步加密至 10 km；海岸地震计间隔约 100 km；截至 2007 年底，新干线已安装地震计 201 台，其中沿线地震计 167 台，海岸地震计 34 台。日本新干线地震监测报警采用 40gal 警报阈值。日本铁路与国家地震监测系统互联；新干线通过海岸沿线地震仪预警，除直接触发接触网断电外，也通过中继站将预警信息发送至新干线调度中心采取控制措施。日本新干线地震预警系统如图 2-58 所示。

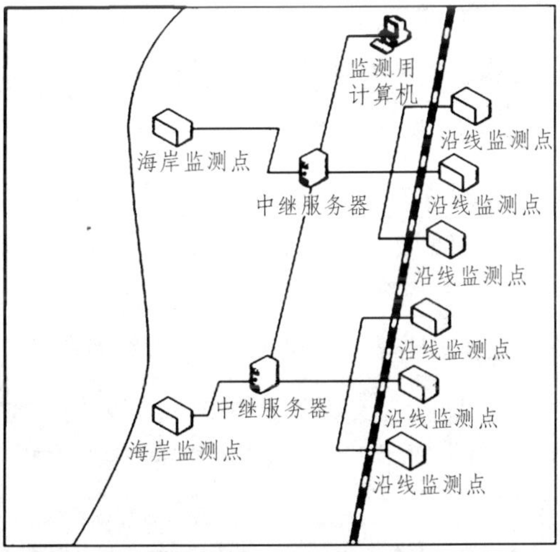

图 2-58　日本高铁地震预警系统

法国自 1991 年开始研究高速铁路地震预警技术，2001 年投入使用。法国地中海线地震监测系统由法国国营铁路出资，国家地震局设计和施工建设，地震发生后的地震级别确认由国家地震局和铁路共同进行。

法国地震监测报警系统仅具备 S 波报警功能，无预警。地震监测系统网络由铁路沿线地震仪、通信机械室、马赛控制中心、巴黎国家地震验证中心、光纤及公网通信等组成，系统由法国原子能委员会（CEA）建设，如图 2-59 所示。法国地震预警系统在监测点监测到地震后，通过专用传输网络将报警信息传输到位于马赛控制中心的地震监测预警中心 UTS，UTS 设备通过 RS232 接口将报警信息传送到信号系统，同时将信息传送给国家地震中心。信号系统接收到地震报警信息后，由信号地面系统发出停车信息或限速信息，运行列车根据地面信号的变化输出制动。沿线设置 24 个监测点，平均间隔 10 km。报警阈值分为 2 档：40gal 限速 170 km/h；65gal 停车。法国制定这 2 个值为报警阈值，主要是基于历史和工程经验，认为 65gal 的地震会造成建筑物的不可恢复的变形，可能会影响其使用功能，40gal 的地震产生的轨道结构等永久变形会影响高速行车安全，因此结合法国行车限速各档的规定，综合制定。

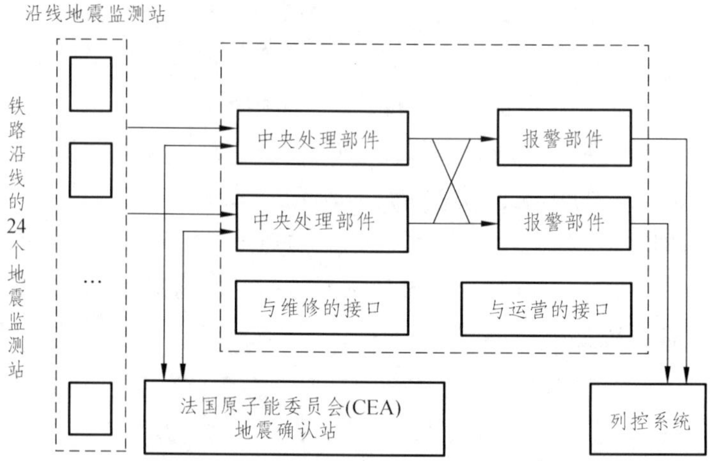

图 2-59　法国高铁预警系统

我国台湾地区自 1994 年开始研究高速铁路地震告警系统，2007 年建成投入使用，总体构架采用了日本高速铁路地震检测及报警系统的技术，但仅局限于 S 波报警功能。该系统是高速铁路天然灾害告警系统的一部分，由地震警报、资讯处理、传送、接收、解析与显示装置等几部分构成，主要有地震仪（主、副强震仪）、机架、系统服务器、报警器及终端等，如图 2-60 所示。其地震告警系统检测到地震信息时，会根据信息来自主强震仪或副强震仪采取不同控车处理流程。目前台湾正在研究地震预警系统，已经进入最后的技术校验阶段，其研发出的“P 波感测仪”，在侦测到或接收到 P 波的信息后 1 ~ 3 s，就可以推算出 S 波的大小，一旦达到威胁程度，就可以发出警讯。台湾地震监测系统报警阈值分为 3 档：40 ~ 80gal、80 ~ 120gal、≥120gal。当主强震仪检测到地震加速度值大于等于 5gal、小于 40gal 时，将地震数据发送到车站和调度中心，车站站长和调度员根据具体地震信息决定是否采取相关的应变措施；当加速度值超过 40gal 时，通过 ATC 自动控制列车停车；当加速度值超过 120gal 时，将切断列车的牵引供电。此外，当副强震仪检测到地震加速度值大于 5gal 时，将地震数据发送到车站和调度中心，为线路维护、行车恢复、灾后措施等提供数据支持。

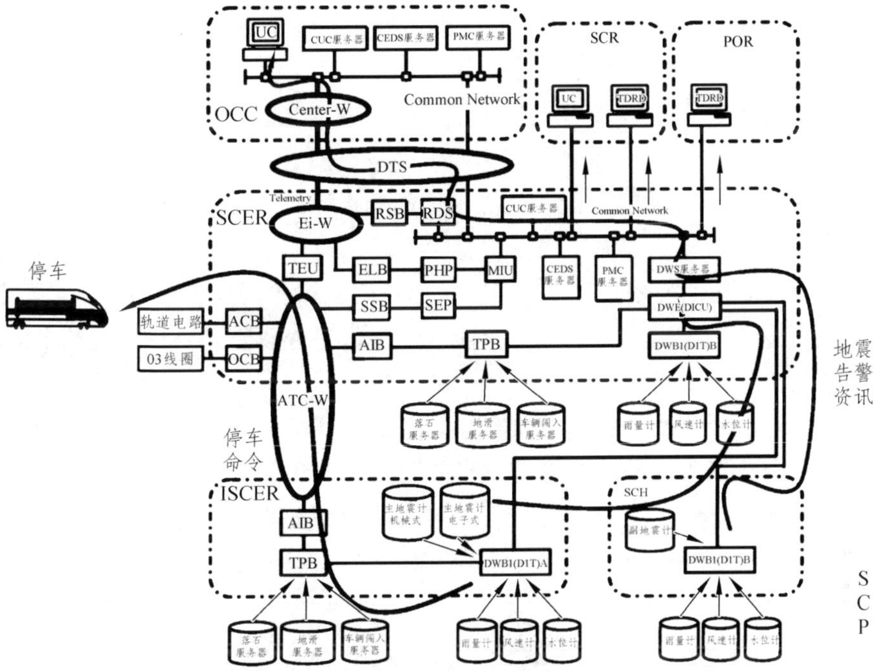

图 2-60　台湾高铁预警系统

我国是一个地震灾害严重的国家，地震灾害对高速列车运行安全的影响不容忽视。我国铁路一直十分重视地震灾害对运行列车安全的影响，《中华人民共和国防震减灾法》第十九条规定：水库、油田、核电站等重大建设工程的建设单位，应当按照国务院有关规定，建设专用地震监测台网或者强震动监测设施，其建设资金和运行经费由建设单位承担。我国大量高铁线路跨越或邻近地震断裂带，比如在建的川藏铁路跨越了十几条大型活动断裂带。虽然国家地震台网的台站主要分布在断裂带附近，但无预警功能，不能满足高铁时效性的需求。

我国大陆地区高速铁路地震预警技术发展大致分为两个阶段。第一阶段为地震监测报警系统，只有 S 波报警功能；第二阶段为地震监测预警及处置系统，具有 P 波和 S 波预警功能。2012 年 2 月 22 日，铁道部与中国地震局签署《共同推进高速铁路地震安全战略合作协议》，两部门领导出席仪式，并共同为“铁道部 · 中国地震局高速铁路地震安全技术研发组”揭牌。2012 年 4 月 6 日，两部门联合发文公布“共同推进高速铁路地震安全战略合作协议实施联合领导小组”组成人员名单及“高速铁路地震安全技术研发组”组建方案。在此之后，他们先后对京津城际，京沪、哈大高铁，台湾高铁等多条高速铁路的地震监测系统进行现场调研、资料收集分析等，完成了《高速铁路地震监测系统调研分析报告》。该报告掌握了国内外地震预警技术的现状，系统分析了国内高速铁路的市场需求，明确了我国新一代高速铁路地震预警技术目标（具有 S 波报警、P 波预警和异地预警功能相结合的地震预警及处置系统）。地震预警系统的核心是地震预警理论及其算法。由于各国的外界环境、地质构造等条件差异较大，世界上现存的地震预警成套技术均不能满足我国高速铁路地震安全要求。

我国高速铁路地震预警系统试验验证主要分为两个阶段：第一个阶段是地震预警监测系统试验（不控车），主要开展室内试验以及福厦、成灌线现场试验；第二阶段为地震预警系统试验（控车），主要开展大西线现场试验。其中室内试验对参试的地震监测预警系统的 P 波预警功能、设备的抗震性能等指标进行系统评价，为下一步开展现场试验提供依据。福厦、成灌线现场试验对参试的地震监测预警系统的现场适用性进行系统评价，为优化预警系统提供支持。大西线现场试验对地震预警、列车紧急处置、震后恢复行车等全过程进行控车试验验证，为优化完善预警系统、修订技术标准体系提供支撑。

我国高铁地震预警系统的地震监测预警系统主要是由沿线和陆域中心两层架构组成，设有大量服务器监控单元和地震系，并且与国家和地震台网中心互联，始终以铁路局二级时钟进行同步，如图 2-61 所示。同时，该系统也与相邻的铁路时钟互联，比如成都局与昆明局、西安局的地质信息是共享的，也是互联的。

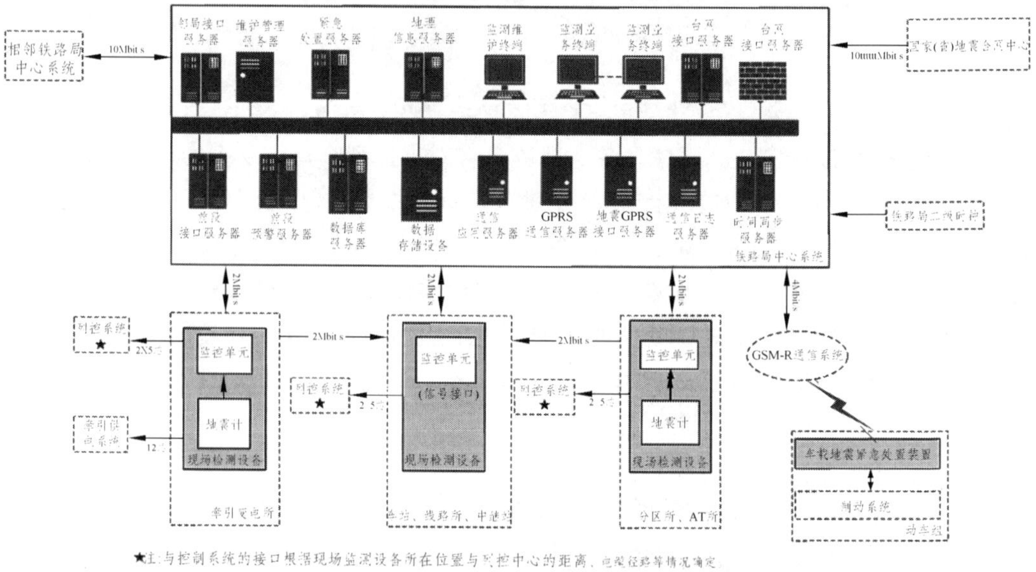

图 2-61　我国高速铁路地震预警系统示意

我国高速铁路地震预警系统的地震警报等级及处置规则共分为 3 级（表 2-4）。其中：一级警报等级的 S 波警报阈值 A 为 40 ~ 80gal，P 波则大于 40gal。在控车范围内列车由司机控车且限速 160 km/h，控车范围外正常行车。二级警报等级的 S 波警报阈值 A 为 80 ~ 120 gal，在控车范围内列车自动控车和紧急制动停车，控车范围外在Ⅰ级区限速、Ⅰ级区外正常行车。三级警报等级的 S 波警报阈值 A 大于 120 gal，在控车范围内列车自动控车、紧急制动停车以及接触网断电，控车范围外在Ⅱ级区紧急制动停车、Ⅰ级区限速、Ⅰ级区外正常行车，这一方面是为了把列车停下来，另一方面是因为地震过大、地面振动加速度过大，容易造成接触网倒塌，产生二次灾害，因此要采取措施防止次生灾害。

表 2-4　地震警报等级及处置规则

警报等级	S 波警报阈值 A /gal	处置规则	
		控车范围内	控车范围外
Ⅰ	40≤A<80 （P 波：A≥40）	司机控车 限速 160 km/h	正常行车
Ⅱ	80≤A<120	自动控车 紧急制动停车	在Ⅰ级区限速、Ⅰ级区外正常行车。
Ⅲ	120≤A	自动控车 紧急制动停车 接触网断电	在Ⅱ级区紧急制动停车、Ⅰ级区限速、Ⅰ级区外正常行车

我国目前研发的地震预警系统的现场监测部分设备主要包括地震井、地震仪、监控单元以及信号系统的接口和牵引供电系统的接口（图 2-62）。铁路局中心系统布置在各个铁路局，共计 18 个铁路局和 18 个铁路局中心系统。它的功能主要是：接收台站信息，进行多台判识；由地震动衰减模型确定影响范围；依据铁路地理信息确定处置范围，并生成紧急处置命令，形成报警范围、警报等级以及跨线、跨局、跨区域报警。

图 2-62　我国高速铁路地震预警系统

和日本新干线的关键技术指标相比，中国高铁地震预警系统的关键技术指标为：地震误报率≤15%，不允许列车干扰引起的误报；多台 P 波预警无漏报，S 波阈值报警无漏报；P 波预警发出至列车开始制动延时不大于 3.7 s；S 波阈值报警发出至列车开始制动延时≤1.2 s。日本新干线地震预警系统的关键技术指标：地震误报率约为 30%；P 波预警发出至列车开始制动延时最小 6.5 s；S 波阈值报警发出至列车开始制动最小延时 4.0 s。可见，我国高铁地震预警系统的技术指标远远优于日本高铁地震预警系统。

目前，我国高铁地震预警系统在成灌线与大西高速试验段试验期间对天然地震多次成功实现预警。比如：2014 年 11 月 22 日，成灌线地震预警系统对康定地震（6.3 级，震中距 205 km）在 S 波到达前 23.4 s 发出 P 波预警信息；2015 年 1 月 14 日，成灌线地震预警系统对乐山地震（5.0 级，震中距 182 km）在 S 波到达前 20.7 s 发出 P 波预警信息；大西线高铁地震预警系统对“12·10 原平 3.2 级天然地震”成功实现预警；阳曲西台站（距离震中 77 km）在 S 波到达前 7.0 s 发出 P 波预警信息。

第3章

交通基础设施其他地质灾害及其防治

近 30 年来，中国已成为全球地质灾害最严重的国家之一。据我国地质调查局的灾害统计，2018 年全国共发生地质灾害 2966 起，其中滑坡 1631 起、崩塌 858 起、泥石流 339 起、地面塌陷 122 起、地裂缝 9 起和地面沉降 7 起，分别占地质灾害总数的 55.0%、28.9%、11.4%、4.1%、0.3%和 0.2%[图 3-1（a）]，共造成 105 人死亡、7 人失踪、73 人受伤，直接经济损失 14.7 亿元。2018 年发生的地质灾害主要分布在全国 29 个省（自治区、直辖市）。按发生数量多少排序，四川、甘肃和湖南等省（自治区、直辖市）排在前列[图 3-1（b）]；按造成的死亡、失踪人数多少排序，重庆、云南和甘肃等省（自治区、直辖市）排在前列；按造成的直接经济损失多少排序，甘肃、四川和云南等省（自治区、直辖市）排在前列。

3.1 滑坡的成因及工程防治

3.1.1 滑坡的危害

土坡是具有倾斜面的土体。由自然地质作用形成的土坡，如山坡、江河湖海的岸坡等，称为天然土坡体；由人工开挖或回填而成的土坡，如基坑、渠道、土坝、路堤等的边坡，则称为人工土坡体。斜坡土体在重力作用下失去原有的稳定状态，沿斜坡内某些滑动面作整体向下滑动的现象，称为滑坡。如图 3-2 所示，滑坡主要分为以下几个部分：

（1）滑体，即滑坡的整个滑动部分。

（2）滑动面，指滑坡体沿下伏不动的岩、土体下滑的分界面。

（3）滑舌，指滑坡前缘形如舌状的凸出部分。

（4）滑坡裂缝，指滑坡活动时在滑体及其边缘所产生的一系列裂缝。

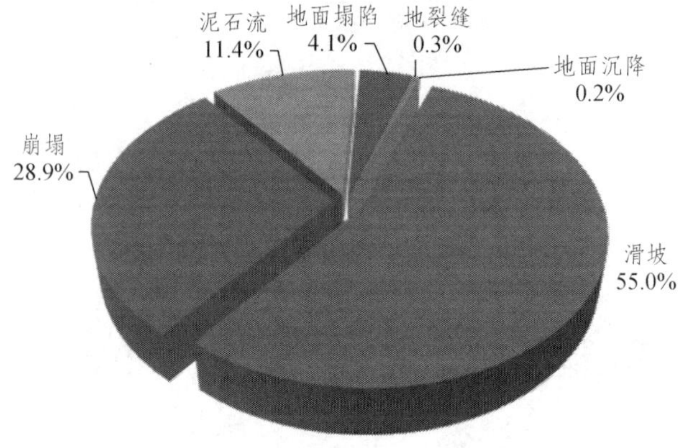

（a）2018 年地质灾害构成

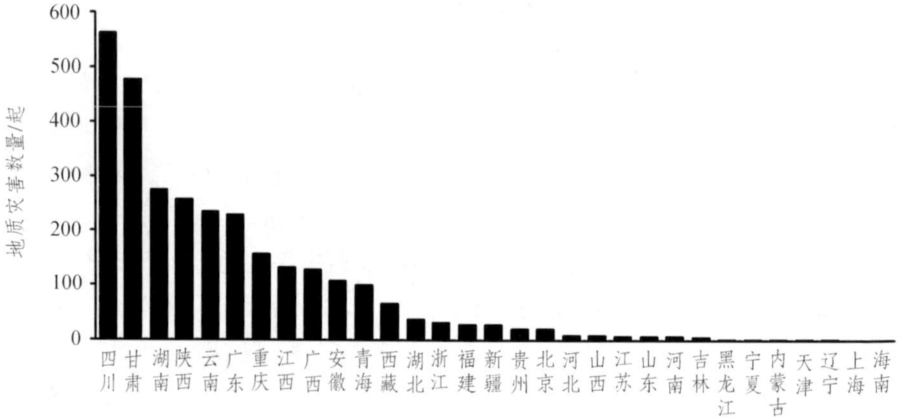

（b）2018 年各省（自治区、直辖市）地质灾害发生数量分布

图 3-1　我国 2018 年地质灾害统计

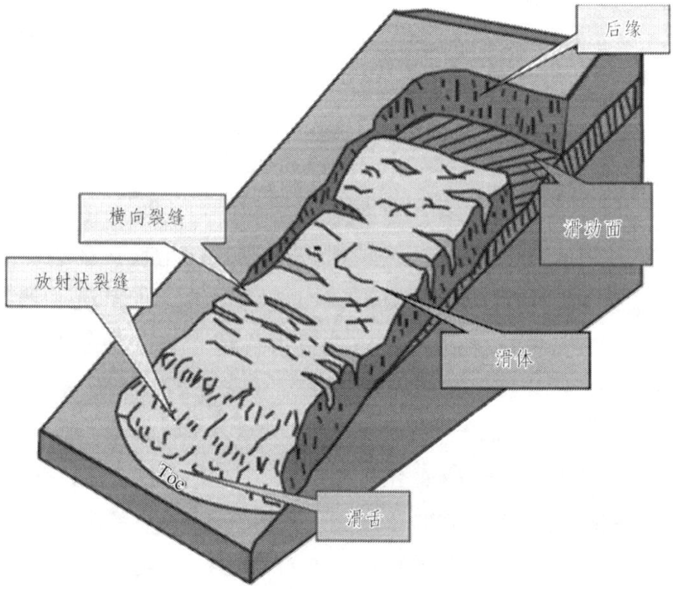

图 3-2　滑坡示意

滑坡的破坏形式主要以掩埋为主，大型滑坡往往会对生命财产造成非常严重的损失。2008 年“5·12”汶川地震中，北川是损失最严重的地区之一，老县城 16.4 万人全面受灾，14.2 万人无家可归，2 万余名同胞伤亡；全县基础设施毁于一旦，直接经济损失超过 600 亿元。造成这种损失最重要的次生灾害就是滑坡，如图 3-3 所示，王家岩滑坡位于北川湔江沈家包山坡下，该滑坡体长 290 m、宽 240 m、厚 15 m，面积 69 600 m^2，约 100 万立方米体积的滑坡体发生了近 500 m 的水平位移量。王家岩滑坡直接造成 1 600 人死亡，数百间房屋被毁。右侧的北川中学滑坡是古滑坡和危岩体的复合体，该滑坡体长 650 m、宽 200 m、平均厚 20 m，前后缘高差 300 m，体积约 240 万立方米。滑坡具有崩塌的特征，破坏力巨大，直接将北川中学掩埋，造成 907 人死亡。

图 3-3　2008 年汶川地震诱发的大型滑坡灾害

2019 年 7 月 23 日，贵州水城发生了特大山体滑坡（图 3-4），此次滑坡体量 200 多万立方米，平均坡度 28°，垂直高差 500～800 m，总长 1 100 m，平均厚约 5 m，为土夹石滑坡，滑坡形成 6 个子区域。该滑坡造成 42 人遇难，9 人失联，近 1600 人受灾，700 余人紧急转移安置，直接经济损失 1.9 亿元。该滑坡事件是应急管理部公布的 2019 年全国十大自然灾害之一。水城县每年的降雨主要集中在 6—8 月，本次滑坡事故恰巧发生在这期间。根据贵州省自然资源厅的报道，灾害现场过去 6 d 发生了 3 次强降雨天气，累计降雨量超过 189 mm，使得连续性强降雨成了本次滑坡灾害发生的主要诱因。

1985 年 6 月 12 日，在湖北秭归新滩发生了震惊世界的大滑坡（图 3-5）。该滑坡为土石型特大型滑坡，滑坡前后缘高程分别为 70 m 至 910 m，南北长约 1 900 m，东西宽约 210 m 至 710 m，滑坡面积约 0.73 km^2，体积约 3 000 万立方米。高速下滑的土石将具有千年历史的新滩古镇摧毁入江，毁坏 457 户居民计 1569 间房屋。约有 340 万立方米土石入江，激起涌浪高达 54 m，波及上游 15 km 的秭归县城关、下游 27 km 的三斗坪，形成高出江水面东西长约 250 m、南北宽约 93 m 的碍航滑舌，长江被迫停航 12 d。

由于我国科学家的准确预报、当地政府组织撤离措施有效，滑坡区内 457 户计 1371 人在滑坡前夕全部安全撤离，无一人伤亡；正在险水区长江上下游航行的 11 艘客货船及时避险，免遇灾难。这些举措使这场不可抗拒的地质灾害损失减少到最低程度，被誉为“我国滑坡预测预报防灾史上罕见的奇迹!”。

图 3-4 “7·23”水城县山体滑坡

图 3-5 湖北秭归新滩滑坡

3.1.2 滑坡形成的内部条件

滑坡形成的内部条件包括地层岩性、地质构造、地貌特点及水文地质条件等。

滑坡形成的两个基本条件之一是坡体中有可能形成贯通的滑动面，其上部坡体可沿其滑动。比如，强烈的构造作用导致岩层中存在各种褶皱和断裂，在特定因素下容易触发岩体滑动，产生岩石滑坡。再比如，江河峡谷地段容易形成周围高中间低的簸箕状缓坡地带，缓坡上往往堆积有一定厚度的崩坡积物，形成既利于地表水汇集下渗又利于地下水在某一部位聚集漫延的地形地质条件，极易产生堆积土滑坡。此外，河曲凹岸冲刷部位，特别是当凹岸部位分布有不耐冲刷的软弱岩层或土体时，以及高陡的黄土边坡，在临空面处和特殊的水文地质条件下，也容易发生滑坡。

滑坡形成的基本条件之二，是潜在滑动面以上坡体具有较好的渗透性，利于地表水向下渗透并相对集中地聚集在潜在滑动面部位。比如，坡体中存在隔水层，上覆岩土体具有较好的渗透性，下渗的地表水会在隔水底板上聚集、漫延，降低该部位岩土体的抗剪强度，导致上覆岩土体滑动。或是，当土坡中存在含水层时，含水层中的水可将上覆土体底部泡软，造成上部土体滑动。

3.1.3 滑坡形成的外部条件

滑坡形成的外部条件，是滑坡形成的诱发因素，主要包括：大气降雨、河岸冲刷、水库水位升降、地震等自然因素，以及开挖坡脚、上部加载采空塌陷、工农业及生活用水渗透、破坏植被及爆破震动等人为因素。

大气降雨对坡体稳定的影响是极为恶劣的。降雨渗入坡体，加大坡体重量，增加下滑力；降雨渗透到隔水层顶面，在这里聚集，使这里的物质软化甚至泥化，降低摩阻力，形成滑面或滑带。此外，在靠近水库位置，水库水位的快速上升，使得地下水的浸泡范围增加，降低潜在滑面的摩阻力；在水库水位快速下降时地下水排泄缓慢，产生较大水头差，形成动水压力，对斜坡稳定产生不利影响。河岸处水流对坡脚的冲刷，也容易破坏斜坡下部坡体的平衡，引起滑体滑动。

地震也是诱发滑坡、崩塌的重要自然因素之一。2008 年汶川大地震诱发滑坡数量 2 万多处，导致约 2 万人死亡，造成了巨大的人员伤亡和经济损失。地震诱发滑坡的原因：其一是地震强大的作用力，使山体上原已接近临界稳定状态的斜坡发生滑动；其二是地震使岩土体松动，地表出现裂缝，后期遇到强降雨，导致已松动的岩体出现滑动。

此外，人类行为也是诱发滑坡的重要因素之一。比如，在山区铁路、公路建设中，不可避免地需要开挖坡脚和开挖路堑。开挖坡脚，即挖去了坡体的支撑部分，打破了坡体平衡。在新建公路、铁路、矿山的外边坡上，不合理地堆放大量的废石或弃渣，增大了坡体的下滑力，诱使滑坡灾害发生。再如，采空塌陷是采矿区极易发生的现象，但若采空区上方为较高陡的斜坡，斜坡下部存在易滑地层等，就容易出现滑坡。

3.1.4 滑坡的分布

从空间上来看，我国滑坡主要集中分布在西南的四川、云南、贵州、西藏地区和西北的陕西、甘肃、山西地区，以及中南、东南的福建、湖南、湖北等地区。

（1）西南地区（含四川、云南、西藏、重庆、贵州等省、自治区、直辖市）为我国滑坡（崩塌）分布的主要地区。该地区滑坡、崩塌的类型多、规模大、发生频繁、分布广泛、危害严重。

（2）西北黄土高原地区，面积达60余万平方千米，以黄土滑坡、崩塌广泛分布为其显著特征。

（3）东南、中南等地山地和丘陵地区滑坡、崩塌也较多，但规模较小，以堆积层滑坡为主。

（4）在西藏、青海、黑龙江北部的冻土地区，分布有与冻融有关、规模较小的冻融堆积层滑坡、崩塌。

我国滑坡分布的基本特点是：西部地区多于东部地区，南部地区多于北部地区，其中西南地区是滑坡分布最集中、发生频率最高的地区。这些地区地形崎岖，切割严重，地质构造复杂，雨量丰沛，为滑坡的形成和发生提供了较充分的条件。此外，这些地区也是人类工程活动较多的地区，“工程滑坡”的数量也相当可观。另外，由于强降水是滑坡的重要诱发因素之一，虽然全国各地区集中降雨时间不同，但从全国范围讲，每年的6至9月降雨充沛季节也是滑坡多发的季节。

3.1.5 滑坡的工程防治措施

防治滑坡的目的在于消除其危害。依据滑坡的防治原则，能避开者应尽量避开，能预防者应尽可能预防，特别是对那些大型复杂的滑坡。但并不是所有滑坡都能避开或预防的，对那些避不开又防不了的，或事先认识不足，在施工开挖后出现的滑坡，受各种条件限制不能避开者，只能进行治理。治理时应尽可能做到一次根治不留后患，既稳定滑坡又节约投资。

滑坡防治的主要任务在于减小滑动力和增大抗滑力。滑坡治理多采用挡、支、排、减、压等综合整治措施，即：用抗滑桩、抗滑挡墙、预应力锚索等工程措施阻挡滑坡的滑动；用排水系统截排滑坡地表水和地下水，提高滑带土的力学指标；在一定条件下，也采取刷方减重和在滑坡出口处采用填方反压的措施。

1. 排水工程

水是形成滑坡的重要作用因素，特别是作用于滑动面（带）的水增大了滑带土的孔隙水压力，降低了强度参数，减小了滑阻力，因此修建排水工程通常是滑坡治理中首先考虑的措施。排水工程包括地表排水工程和地下排水工程。

1）地表排水工程

地表排水的目的，是截排滑坡区以上山坡来水不使其流入滑坡区，把滑坡区内的降水及地下水露头（泉水、湿地及其他水体）通过人工沟道尽快排出滑坡区，减少其对滑坡稳定的影响。

2）地下排水工程

地下排水工程是治理滑坡的主体工程之一，特别是地下水发育的大型滑坡，地下排水工程应是优先考虑的措施。它比支挡工程投资少，但发挥的作用较大。其原理主要是截断了补给滑带的水源，降低了地下水位，减少了滑带土的孔隙水压力，提高了其抗剪强度，从而增大了滑坡的稳定性，因而可减少甚至取消支挡工程，节约投资。地下排水工程依据不同的滑坡地下水分布和补给情况，常用的措施有：截水盲沟、截水盲（隧）洞、仰斜（水平）孔群排水、垂直钻孔群排水、井点抽水、虹吸排水等（图 3-6）。

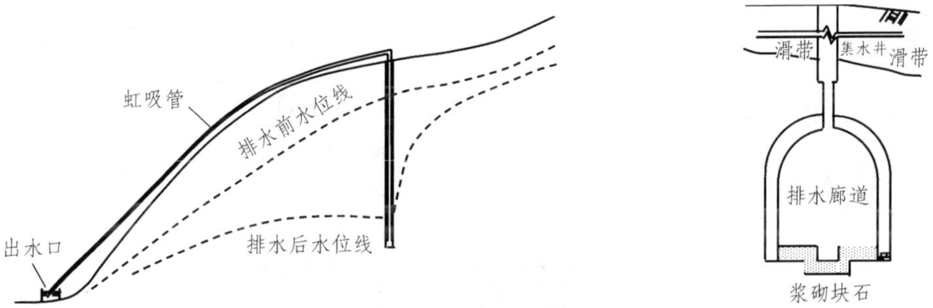

（a）虹吸排水　　（b）排水廊道

图 3-6　地下排水工程

2. 减重和反压工程

所谓“减重”，是指在滑坡体的上部挖去一部分滑体岩土，以减小滑体重量和滑坡推力。这项措施适用于厚度大、主滑段和牵引段滑面较陡的滑坡体，同时要求减重时应保证滑坡不会向后部或两侧发展（图 3-7），具有经济、技术简单易行的特点，但是土石方开挖量大。

所谓“反压”，是指在滑坡体的前缘及其外填筑土石增加抗滑力的一种工程措施，类似于路堤的护堤。若有条件将滑坡上部减重的土石方移填于其前缘反压是最经济而有效的治理措施。但受各种条件限制，往往难以同时实现。如山区铁路和公路路基开挖引起的滑坡，有减重的条件，却无反压的场地，除非局部改移线路的平面位置和纵坡大小。在一些城镇和厂矿发生的滑坡，常因滑坡后缘以外有重要建筑物难以迁移而不能减重。

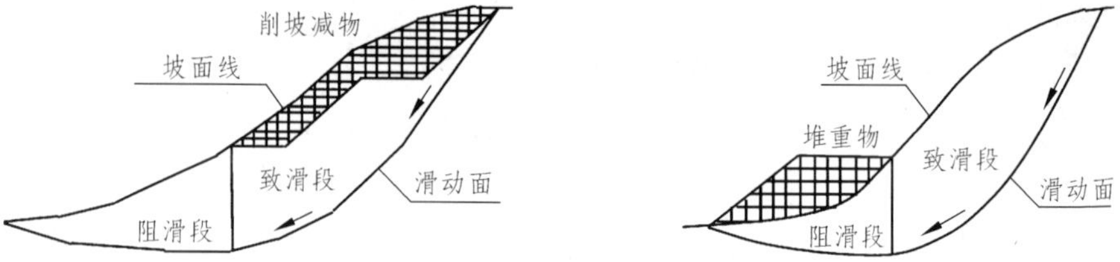

（a）减重 （b）反压

图 3-7 减重和反压工程

3. 支挡工程

1）挡土墙

挡土墙在早期的滑坡防治中应用广泛，特别是对中小型滑坡的治理。挡土墙一般为重力式，以其重量与地基的摩擦阻力抵抗滑坡推力，主要包括俯斜式、直立式、仰斜式和衡重式（图 3-8）。挡土墙的布设位置一般是放在滑坡前缘出口处。

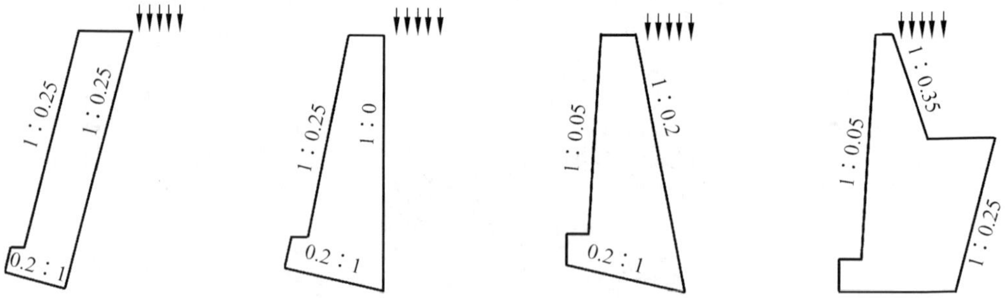

（a）俯斜式挡土墙 （b）直立式挡土墙 （c）仰斜式挡土墙 （d）衡重式挡土墙

图 3-8 重力式挡土墙形式

2）抗滑桩

抗滑桩是将桩插入滑动面（带）以下的稳定地层中利用稳定地层岩土的锚固作用以平衡滑坡推力，从而稳定滑坡的一种结构物，也称为锚固桩。抗滑桩按材质可分为木桩、钢桩、钢筋混凝土桩和组合桩，按桩身断面可分为圆形桩、方形桩、矩形桩和“工”字形桩等，按成桩工艺可分为钻孔桩和挖孔桩，按桩的受力状态分可分为全埋式桩、悬臂桩和埋入式桩，按桩体组合形式可分为单桩、排架桩和钢架桩等，按桩头约束条件可分为普通桩和锚索桩（图 3-9）。抗滑桩一般设置在滑坡前缘抗滑段滑体较薄处以便充分利用抗滑段的抗滑力，减小作用在桩上的滑坡推力，从而减小桩的截面和埋深，降低工程造价，并应垂直于滑坡的主滑方向成排布设。对于大型滑坡，当一排桩的抗滑力不足以平衡滑坡推力时，可布设两排或三排。

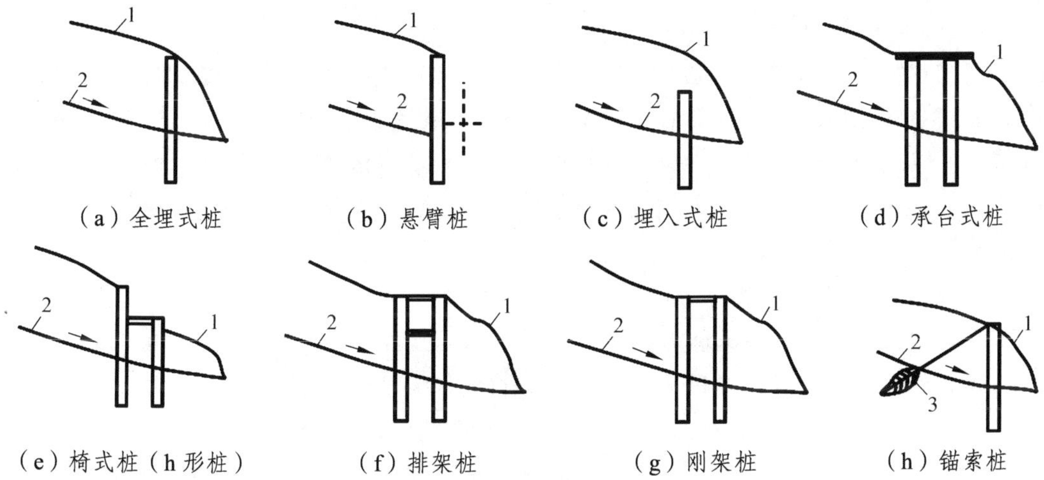

1—原地面；2—滑动面；3—锚索。

图 3-9　不同抗滑桩的形式

4. 土体改良

滑带土的改良是通过改变滑带土的性质，提高滑坡本身的抗滑动能力。对于软基和由软土构成的边坡，可以采用物理或化学的处理方法，改变土体性质，以提高边坡的稳定性。常见的方法主要包括电渗法、焙烧法、灌浆法和离子交换法等。电渗法是指利用电场排水作用，降低土层含水量，从而加固土体的方法。焙烧法是指将气态或液态燃料与空气压入混合燃烧室内进行燃烧，再用特殊压气泵将燃烧后的高温气体通过钻孔压入地下，焙烧土层，增加土层的强度和耐久性的方法。灌浆法是指将水泥或化学材料灌入滑动带以及其上下部位的裂隙中，以提高土的密实性和强度，稳定土体的方法。离子交换法是指利用阳离子的扩散效应，由溶液中的阳离子交换出土中的阳离子，使土体稳定的方法。

3.1.6　滑坡灾害预警和监测

一般意义上的灾害预警，是指某一灾害发生的地点和时间基本确定，将要威胁到某地区，从而向该地区一定范围预先发出警报。在一般概念上，狭义的预警就是指警报，而广义的预警则包括了从预测到警报的全过程。滑坡灾害预警就是一种包括预测到警报的广义“预警”过程，在时间精度上包括了预测、预报、临报和警报等多个层次。

1. 滑坡灾害预警的类别

按预警对象的物理参量划分，滑坡灾害预警可划分为空间预警、时间预警和强度预警三类，一次圆满的预警应包括这三个物理参量，且应该计算每个物理参量发生的概率大小（可能性大小），从而确定向社会发布的方式、范围和应急反应对策。

1）滑坡灾害空间预警

空间预警是在滑坡灾害调查与区划基础上，比较明确地划定非确定时间内滑坡灾害将要发生的地域或地点及其危害性大小。空间预警基于滑坡灾害的主要控制因素（如地层岩性、地质结构、地貌形态、地层突变等）和诱发因素（如降雨、地震、冰雪消融、人为活动）开展工作。控制因素是基本条件，诱发因素在不同地区或同一地区的不同地段常常表现出极大差异。

2）滑坡灾害时间预警

时间预警是针对某一具体地域或地点（单体），给出滑坡灾害在某一种（或多种）诱发因素作用下将在某一时段内或某一时刻将要发生的预警信息。时间预警基于预警区域的地质环境状况、诱发因素发生范围与强度及其持续时间等开展工作。时间预警一般是在空间预警的基础上，通过专业技术观测、系统的理论分析和专家会商，并报有关管理部门认可后发布。

3）滑坡灾害强度预警

强度预警是指对滑坡灾害发生的规模、暴发方式、破坏范围和强度等做出的预测或警报，是在时空预警基础上做出的进一步预警，是科学研究和技术进步追求的目标。

4）滑坡灾害概率预警

由于滑坡灾害的发生既有其地质演化的内在规定性，又受多种随机因素影响，滑坡灾害时间、空间和强度三要素的预警也就都存在一个可能性大小（概率描述）的问题，目前这种可能性以预警等级来表示。

2. 联系诱发因素的滑坡灾害预警

对滑坡进行灾害预警，可以与滑坡的诱发因素联系起来。根据诱发因素的情况，判断滑坡发生的可能性，并进行预警，可划分为气象预警、地震预警、人类活动预警和三者等多因素共同作用下的综合预警。

1）基于气象因素的滑坡灾害预警

近几年我国突发性滑坡灾害中，持续降雨诱发者占总发生量的 65%。其中，局地暴雨诱发者约占总发生量的 43%，占持续降雨诱发者总量的 66%。也就是说，约三分之二的突发性滑坡灾害由大气降雨直接诱发，或与气象因素相关。因此，基于滑坡灾害的区域地质环境条件研究，可以预测一定区域崩塌、滑坡等灾害在降雨作用下发生的可能性。当得到该区域的降雨过程和降雨强度预报数据或等值线资料时，就可以进行滑坡灾害的气象预警。

2）基于地震因素的滑坡灾害预警

地震是滑坡灾害的诱发因子之一。地震对滑坡灾害的诱发作用主要表现为两个方面：地震的水平和垂直地震作用一方面使陡峭斜坡上的岩土体发生侧向运动，另一方面使组成斜坡的岩土体发生松动变形，可以直接形成大规模的滑坡灾害，或者为后续的表生作用奠定诱发滑坡灾害的基础。

地震活动周期与滑坡的群发性具有明显的相关性。在Ⅷ度以下的地震影响区内崩塌、滑坡并不一定发生，而在地震烈度Ⅷ度区内，发生滑坡的概率占 92%。当地震烈度达到Ⅸ时，则必定有滑坡相伴而生。因此，当对地震做出预报后，或地震发生后一定时间内，就可以根据地震烈度等值线或地震动参数等值线做出该区域的滑坡灾害预报。政府和专业部门应在社会公众防震的同时，及时发布基于地震因素的滑坡灾害预警，提醒公众避开主要由于地震作用引发的滑坡灾害。

3）基于人类活动干扰的滑坡灾害预警

相当数量的滑坡灾害事件的发生是由于人类活动的不规范或防范意识薄弱而出现的。因此，在人类对地球表层改造剧烈地区，如大坝、水库、矿山和交通工程建设地区，根据遥感和地面监控资料分析，发布人类活动干扰下的滑坡灾害预警是必要的，对发展中国家更是急需的。

4）基于多因素作用的滑坡灾害预警

一个地点或一个区域滑坡灾害事件的发生一般都是多因素综合作用的结果，只是常常表现为以某个因素为主。基于诱发因素的滑坡灾害预警，要追求建立气象、地震和人类活动等多因素的综合预警模型。

交通干线路基切坡、水库蓄水和矿山采掘地段在一般降雨过程下就可能造成灾难性的地质事件，若不研究目标区的工程活动范围、方式和强度，仅基于气象因素开展滑坡灾害预警必然造成漏报；一个滑坡灾害多发区刚刚发生过地震，则引发大范围滑坡灾害的临界过程降雨量也必然急剧下降，若采用常规条件下的降雨预警判据必然导致失败；一个地区的地质剥蚀作用常常遵守一定的程式，相应地在沟谷底部堆积足够数量的松散物也表现为一定的时段性，这就是一个地区甚至一条沟谷暴发的灾害表现为一定周期性地质过程的原因。因此，科学的滑坡灾害预警应对预警地区的地质过程及现状有着科学的认识。

3. 滑坡灾害监测

灾害监测是灾害预警的必要前提及重要依据。它是指运用各种技术和方法对滑坡本体及其诱发因素进行有效监测。其中心环节是通过直接观测或仪器测量，记录地质灾害发生前各种前兆现象的变化过程，及时掌握灾害体的变形动态，分析其稳定性，超前做出预测预报，防止灾害发生或减少灾害带来的损失。监测对象大体可分为三大类：位移监测、地下水监测和外部诱发因素监测。

1）位移监测

位移监测可分为绝对位移监测和相对位移监测。

（1）绝对位移监测。

绝对位移监测是基本的常规监测方法，用以监测斜坡体测点在不同时刻的三维坐标，从而得出测点的位移量、位移方向与位移速率。绝对位移监测可分为地表和地下监测，是崩滑体监测的主要内容和重要内容。其测量方法主要包括大地测量法、GPS测量法、近景摄影测量法、干涉雷达测量法（InSAR）等，监测仪器主要包括经纬仪、水准仪、红外测距仪、激光仪、全站仪和高精度 GPS 等。GPS 测量法是指利用卫星发射的导航定位信号，进行空间交会测量，确定待测点的三维坐标；干涉雷达测量法是利用具有干涉成像能力的两部 SAR 天线（或一部天线重复观测），来获取同一地区具有一定视角差的两幅具有相干性的单视复数图像，并由其干涉相位信息，获取地表高程信息，从而重建地表的数字高程模型（DEM）。根据干涉图的相位值，得出两次成像中微波的路程差，从而计算出目标地区的地形、地貌，以及表面的微小变化。

2006 年至今，中国地质调查局与加拿大地质调查局合作，在四川西部的甲居寨滑坡进行了 InSAR 和 GPS 的联合监测，GPS 提供连续的水平位移监测，InSAR 提供每月一次的垂直位移监测，取得了良好的监测效果。

（2）相对位移监测。

相对位移监测是指设点量测崩滑体重点变形部位点与点之间的相对位移变化量，主要对裂缝等重点部位的张开、闭合、下沉、抬升、错动等进行监测，是崩滑监测的主要内容和重要内容之一。目前常用的监测仪器有振弦位移计、电阻式位移计、裂缝计、变位计、收敛计、大量程位移计等。近年来也有使用三维激光扫描仪进行滑坡体表面监测的，其与 GPS、全站仪等数据相结合，能达到很高的精度。特别是在滑坡急剧变形阶段，过大的变形会破坏各种监测设施，在这种情况下采用三维激光扫描测量来快速建立滑坡监测系统，可以满足临滑预报要求。

2）地下水监测

地下水是对滑坡的稳定状态起直接作用的最主要因素，所以对地下水位、孔隙水压力、土体含水量等进行监测十分重要。常用的监测仪器有水位计、渗压计、孔隙水压力计、TDR 土壤水分仪等。一般来说地下水监测不具普遍性。当崩塌、滑坡变形破坏与地下水具有相关性，而且在雨季或地表水位抬升时崩滑体内具有地下水时，应予以监测。

3）外部触发因素监测

滑坡的触发因素一般有地震、降雨、冻融、人类活动等几类。地震一般由专业台网监测。当地质灾害位于地震高发区时，应经常及时收集附近地震台站资料，评价地震作用对区内崩滑体稳定性的影响。雨量监测一般采用遥测自动雨量计进行监测。对于冻融触发的地质灾害，目前还没有好的专业性监测仪器，可通过地温计结合孔隙水压力计监测，研究地温变化与冻结滞水之间的关系。人类活动如掘洞采矿、削坡取土、爆破采石、坡顶加载、灌溉等诱发的地质灾害，应监测人类活动的范围、强度、速度等。

3.2 崩塌的成因及工程防治

3.2.1 崩塌的危害

崩塌对交通基础设施的破坏形式包括砸坏、撞击与掩埋。崩塌过程中的落石尺寸可以达到数米，从山坡滑下来后，会对沿途的房屋和交通设施产生巨大的破坏。2013年4月20日，四川省雅安市芦山县发生了7.0级地震，这次地震的次生地质灾害以崩塌为主，崩塌主要分布在峡谷和震中附近，呈带状分布，崩塌体产生的落石对车辆、房屋和道路造成了严重的破坏[图3-10（a）]。图3-10（b）所示的桥梁为宝盛桥，它是宝盛乡通往大川镇的一座石桥，被人们称为“桥坚强”，因为它经历了汶川地震和雅安地震之后依然屹立不倒。不仅如此，宝盛桥被地震崩塌落下的一块250 t巨石挡住去路，这座桥还是没有被砸垮，竖立在河面上，为乡镇之间的交通运输做出了贡献。

（a）雅安地震巨石撞进房屋

（b）雅安地震巨石砸入宝盛桥桥面

图3-10　2013年4月20日，雅安地震中，落石对房屋与桥梁的损害

滑坡、崩塌对线路工程的危害可以总结为以下六点：

（1）破坏线路、中断行车。

（2）危害站场、砸坏站房。

（3）桥梁墩台被推移，隧道明洞被摧毁。

（4）造成行车事故，人身伤亡严重。

（5）中断交通运输，影响国计民生。

（6）增加基建投资，加大维修费用。

线路工程如果位于斜坡体上，则坡体滑动会推动线路工程一起运动，造成线路工程变形、毁坏；线路工程如果位于斜坡前缘，则坡体滑动、崩塌会将线路工程埋没，产生灾害。

崩塌落石灾害一般具有多发性、随机性，会对公路铁路交通干线产生巨大的威胁。一个典型的落石灾害影响交通运输的案例是 213 国道都汶公路。该线路是汶川特大地震震中——汶川县重建的“生命线”，也是整个阿坝州生产生活、灾后恢复重建、九寨沟黄金旅游线的运输“主动脉”，平均每天约有 1 万辆车通行。由于都汶公路大部分线路都处于河谷地带，加上汶川大地震造成公路沿线的岩体松动，一遇降雨，极易发生落石、泥石流等灾害阻断交通。2009 年 7 月 25 日凌晨，一块质量约 200 t 的巨石从近 500 m 高的山体上飞落而下，击断了彻底关大桥的第三根桥墩，造成桥面坍塌。

3.2.2　崩塌的成因及分布

1. 崩塌的成因

崩塌是较陡斜坡上的岩体在重力作用下突然脱离母体崩落、滚动、堆积在坡脚的地质现象。崩塌的成因主要考虑地质条件和外界因素两方面。

其中，地质条件包括岩土类型、地质构造、地形地貌三个条件，它是形成崩塌的基本条件。不同类型的地质条件所形成崩塌的规模大小不同，通常岩性坚硬的各类岩浆岩（又称为火成岩）、变质岩及沉积岩（又称为水成岩）的碳酸盐岩（如石灰岩、白云岩等）、石英砂岩、砂砾岩、初具成岩性的石质黄土、结构密实的黄土等形成规模较大的岩崩，页岩、泥灰岩等互层岩石及松散土层等往往以坠落和剥落为主；各种构造面，如节理、裂隙、层面、断层等，对坡体的切割、分离，为崩塌的形成提供脱离体（山体）的边界条件。坡体中的裂隙越发育，越易产生崩塌，与坡体延伸方向近乎平行的陡倾角构造面，最有利于崩塌的形成；江、河、湖、沟的岸坡及各种山坡、线路边坡、工程建筑物的边坡及各类人工边坡都是有利于崩塌产生的地貌部位，坡度大于 45°的高陡边坡、孤立山嘴或凹形陡坡均为崩塌形成的有利地形。

崩塌形成的外界因素包括地震、降水、人类活动等。其中，地震引起坡体晃动，破坏坡体平衡，从而诱发坡体崩塌，一般烈度大于 7 度的地震都会诱发大量崩塌。融雪、降雨，特别是大暴雨和长时间的连续降雨，使地表水渗入坡体，软化岩土及其中软弱面，产生孔隙水压力，推动块体向临空面运动，从而诱发崩塌。河岸处河流等地表水不断冲刷边脚，也可诱发崩塌。而不合理的人类活动如开挖坡脚，地下采空，水库蓄水、泄水等改变坡体原始平衡状态的活动，都会诱发崩塌活动。还有一些其他因素，如冻胀、昼夜温度变化等也会诱发崩塌。

2. 崩塌的分布

我国幅员辽阔，山地占国土面积比例将近 70%，地质条件复杂，崩塌类型齐全，分布非常广泛。据统计，我国东起辽宁、浙江、福建，西至西藏、新疆，北起内蒙古，南至广东、海南，全国至少 22 个省、自治区、直辖市都不同程度地遭受崩塌的侵扰与危害。同时，我国崩塌的类型和分布又具有明显的区域性特点，主要分布在地形切割强烈、断裂构造发育、新构造运动活跃、降雨集中的地区，主要为横断山高山峡谷地区、青藏高原东缘、黄土高原、湘西地区、云南高原以及川东鄂西的山区，涉及云南、西藏、陕西、甘肃、重庆、湖北、湖南、江西、广西等省（自治区、直辖市）。

崩塌落石灾害一般具有多发性、随机性，对公路、铁路交通干线产生了巨大的威胁。一个典型的落石灾害影响交通运输的案例是 213 国道都汶路。如前述汶川地震中彻底关大桥的震害，就是由一块质量约 200 t 的巨石从近 500 m 高的山体上飞落而下造成的。巨石击断了彻底关大桥的第三根桥墩，造成桥面坍塌。此外，还有 2007 年 11 月 20 日，湖北宜万铁路高阳寨隧道口发生特大坍塌事故，约 3 000 m^3 的石块等坍塌物瞬间从高处坠落，造成隧道洞口正下方的 318 国道湖北省巴东县野三关段公路交通中断，国道上一过路客车被埋，造成 31 人死亡、1 人受伤、2 人失踪的特大事故。

2008 年 6 月 8 日，达（州）成（都）铁路 K302+800 处，由于山体崩塌落石造成 40074 次货物列车机车及机后 10 节车脱轨，机车司机重伤 1 人，押运员死亡 1 人，达成线路中断行车，12 趟火车停运，数趟列车绕行、晚点。破坏后的情况见图 3-11。

图 3-11　铁路抢修队伍在对脱轨列车进行救援

此外还有，2008 年 11 月 23 日 11 时 37 分，广西河池市凤山县因持续降雨，发生山体崩塌地质灾害，导致 6 人死亡、6 人受伤[图 3-12（a）]。2014 年 8 月 12 日晚 7

时许，一辆大货车在途经 323 国道线河池市环城路 K1218+100 处时，突然被山上滚落的一块大石头砸中车头，司机当场遇难[图 3-12（b）]。2016 年 2 月 8 日凌晨，河池市都安瑶族自治县菁盛乡福德村弄岭屯东面山体发生岩质崩塌，规模 200 m^3，造成 6 人死亡，直接经济损失 50 万元[图 3-12（c）]。2016 年 4 月 21 日，柳州融安县浮石镇六寮小学后山发生崩塌，规模 1 500 m^3，造成 23 人受伤，直接经济损失约 300 万元[图 3-12（d）]。显然，崩塌落石灾害给交通干线安全运营和城镇居民的生命财产安全造成了极大的危害和威胁。

（a）河池凤山山体崩塌

（b）河池环城路货车遭落石击中

（c）河池都安山体崩塌

（d）柳州融安山体崩塌

图 3-12　重大崩塌落石灾害

3.2.3　崩塌灾害的工程防治

崩塌落石的工程防治目的并不是一定要阻止崩塌落石的发生，而是要防止其带来的危害。崩塌防治措施可分为防止崩塌发生的主动防护和避免造成危害的被动防护两大类型。针对崩塌落石的发育特征，目前主要的整治方法有清除、加固、拦截、引导等（图 3-13）。各种治理方法适用条件不尽相同，也各有优缺点。针对具体情况选取的崩塌落石防治措施，取决于崩塌历史、潜在崩塌特征及其风险水平、地形地貌及场地条件、防治工程投资和维护费用等。

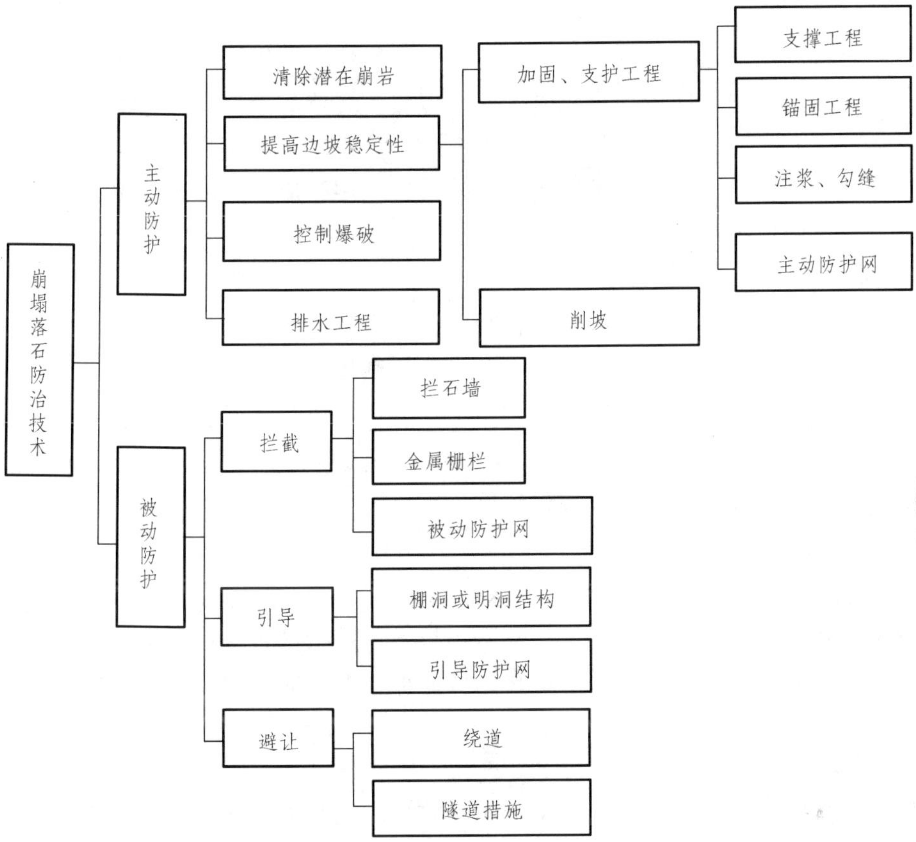

图 3-13　崩塌落石防护技术

1. 主动防护

主动防护是指采取适当的工程措施，防止崩塌的发生。常见的工程措施包括清除、支撑、锚固、注浆、设主动防护网、排水等。

1）清　除

清除是指对即将发生崩塌的落石采用人工或小型机械进行清除，适用于小型崩塌和落石地段，常在崩塌体方量不大或落石的数量不多，且基岩破坏程度不严重时采用。控制爆破也是一种清除方式。但完全清除潜在崩塌落石往往是很难做到的，清除通常作为其他落石防治方法的配套措施，或是短期的应急措施。需要注意的是，对于卸荷裂隙较发育，清除后可能产生连锁失稳时不宜采用；同时，清除前应做好有效防护，避免清除的落石造成次生灾害。

2）支　撑

支撑是指对悬于上方、以拉断坠落的悬臂状或拱桥状等危岩采用墩、柱、墙或其组合形式支撑加固，以达到治理危岩的目的，主要适用于滑塌式危岩、坠落式危岩、倾倒式危岩。由于支撑体可以有效地缓解危岩体的失稳趋势，且不会对陡崖岩体带来大的扰动，一般情况下，具有支撑条件时可优先使用支撑技术。

3）锚　固

锚固是指利用穿过软弱结构面、深入至完整岩体内一定深度的钻孔，插入钢筋或钢棒、钢索、预应力钢筋及回填混凝土，借以提高岩体的摩擦阻力、整体性与抗剪强度，包括预应力锚杆、非预应力锚杆、自钻式预应力锚杆及预应力锚索等。一般而言，板状、柱状和倒锥状危岩体极易发生崩塌错落，利用预应力锚杆或锚索可对其进行加固处理，防止崩塌的发生。

4）注　浆

注浆是指在岩体裂缝中注入浆体材料以增强岩石完整性和岩体强度。危岩体中破裂面较多、岩体比较破碎时，为了增强危岩体的整体性，宜进行有压灌浆处理。灌浆孔宜陡倾，并在裂缝前后一定宽度内按照梅花桩型布设。灌浆孔应尽可能穿越较多的掩体裂隙面，尤其是主控结构面，同时浆体材料应该具有一定的流动性，锚固力要大。但是由于无法量化评价其防护效果，注浆往往仅被当作一种辅助技术同其他技术组合使用。

5）设主动防护网

设主动防护网是近年来兴起的柔性防护技术，是指通过锚杆和支撑绳等固定方式将钢绳网片覆盖在有潜在崩塌落石危害的坡面上，通过对危岩体施加紧固力的方式阻止崩塌落石发生。其特点在于施工便捷、构件标准化、经济性好，同时对环境影响小。

6）排　水

排水包括危岩体周围的地表截排水和危岩体内部排水。地表截排水沟应根据危岩体周围的地表汇流面积确定，通常地表采用明沟，其断面尺寸由地表汇流面积计算确定，由浆砌块石、浆砌条石构成，也可在危岩体侧部稳定岩体内凿槽作排水沟；危岩体内部排水可通过仰斜钻孔排水，钻孔仰角可取 8° ~ 20°，钻孔直径 45 ~ 90 mm，钻孔深度要求穿过主要储水裂隙或富水带；对于大型崩塌，必要时可设置泄水洞、泄水隧道等措施。常见主动防护工程措施如图 3-14 所示。

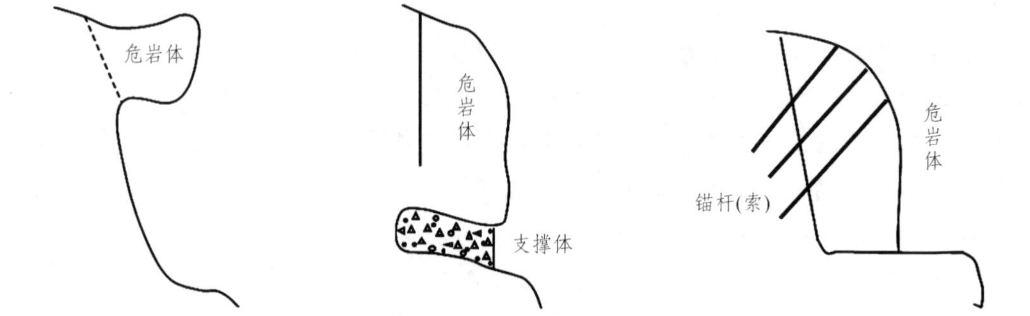

（a）清除　　（b）支撑　　（c）锚固

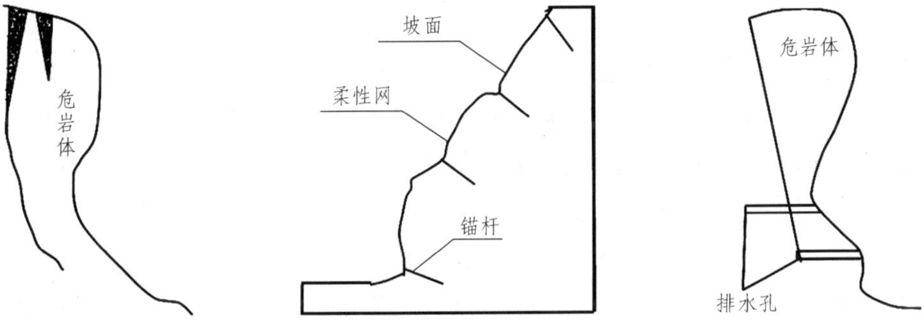

（d）注浆　　（e）主动防护网　　（f）排水

图 3-14　常见主动防护工程措施

2. 被动防护

被动防护是指采用拦截、引导、避让等方式避免崩塌造成危害。常见的工程措施包括设拦石墙、被动防护网、棚洞等。

1）拦石墙

拦石墙一般设置在路堑边坡坡脚或落石山坡下部的缓坡地段，用浆砌片石砌筑，墙背用砂土砌筑成缓冲层，以防墙体被直接撞击。为增加堆积落石的容量需要将缓冲层坡度改陡时，坡面应作干砌片石护坡。缓冲层厚度视落石体积大小而定。其优点在于取材方便，在陡崖地段有一定的现实需求；其缺点在于工程量较大、占地多、造价高。

2）被动防护网

被动防护网属柔性防护技术，是指采用锚杆、立柱、支撑绳和拉锚绳等固定方式，将金属柔性网以一定角度安装在坡面上，用以拦截落石的柔性格栅式拦挡结构，俗称拦石网；其结构体系通常包含拦截结构、支撑结构、连接结构、耗能装置、基础五大部分。与传统刚性拦挡结构相比，其最大的特点在于“以柔克刚”，同时引入高性能的金属耗能器，拦截能力非常强。目前国内足尺试验的最大能级为 5000 kJ，即质量为 12 t 的石块从 42 m 高度自由下落的冲击能量，由西南交通大学土木工程学院相关团队于 2016 年所完成。

3）棚　洞

棚洞是指明挖路堑后，构筑简支的顶棚架，并回填而成的洞身，属于明洞范畴的隧道。根据结构受力及变形情况的不同，棚洞结构分为刚性棚洞和柔性棚洞，其中，刚性棚洞是指由钢筋混凝土框架梁柱、顶板以及覆盖于顶板的缓冲垫层构成的棚洞形落石防护系统，工程量大、造价高、施工周期长；柔性棚洞是指由支撑结构、金属柔性网、消能装置、支撑绳等共同构成的棚洞形落石防护系统，相较于刚性棚洞，施工速度快、造价低，适合既有线路的落石防护，但在落石冲击下其变形较大，需要考虑侵界的问题。

4）引导防护网

引导防护网也属柔性防护技术，是指采用锚杆、钢柱、支撑绳等构件将柔性金属网覆盖或支撑在坡面上，以引导或控制落石运动轨迹和停积范围的柔性防护系统，分为覆盖式引导防护网和张口式引导防护网。其中张口式引导防护网由上部的拦截部分（与被动防护网类似）和中下部的引导部分（由纵横向支撑绳、网片等）组成，能对覆盖区上部滚落的石块及覆盖区崩落的石块进行防护，而覆盖式引导防护网仅能对覆盖区崩落的石块进行防护。其防护原理可简述为：通过防护网与山体间形成的夹缝对落石产生阻滞、约束和引导作用，降低其运动速度并控制其运动轨迹，最终将落石引导至预定的堆积区，从而实现落石防护。常见被动防护工程措施如图 3-15 所示。崩塌落石工程防治案例如图 3-16 所示。

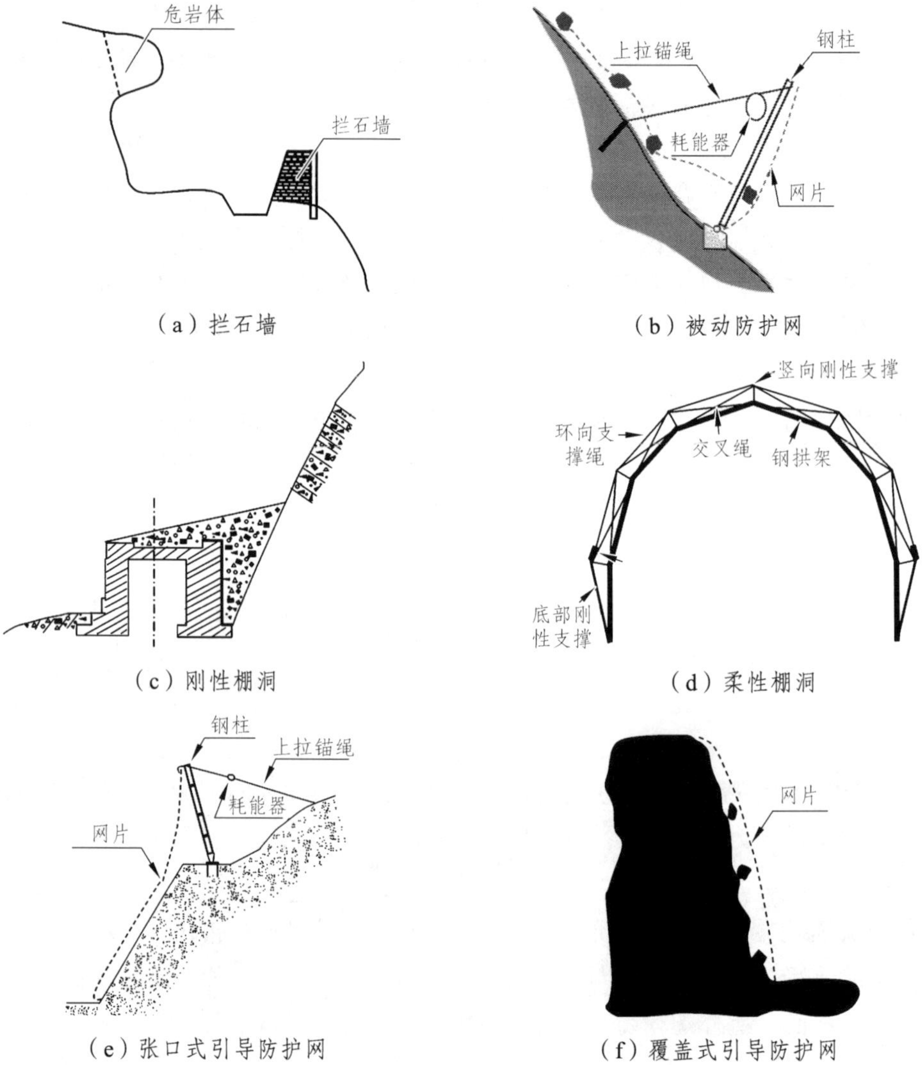

（a）拦石墙　（b）被动防护网

（c）刚性棚洞　（d）柔性棚洞

（e）张口式引导防护网　（f）覆盖式引导防护网

图 3-15　常见被动防护工程措施

（a）锚固

（b）拦石墙

（c）主动防护网

（d）被动防护网

（e）刚性棚洞

（f）柔性棚洞

（g）张口式引导系统

（h）覆盖式引导系统

图 3-16　崩塌落石工程防治案例

3.3 泥石流的成因及工程防治

泥石流是沙石、泥土、岩屑、石块等松散固体物质和水的混合体，在重力作用下沿着沟谷或坡面向下运动的特殊流体。泥石流突发性强、隐蔽性高、冲击力强、破坏性大，可冲毁或淤埋桥涵、路基，破坏电力、通信设施，给交通基础设备和行车安全造成极大威胁。泥石流这种灾害现象在我国的分布比较广泛，起初并没有统一的认识。在西藏高原被称为冰川爆发，在川西山地和云贵高原被称为打地炮，在西北高原被称为山洪和泥流，在太行山被称为水炮，在北京西山被称为龙爬，在南岭山地、海南岛和台湾，都发生过灾害性的泥石流。新中国成立后我国大搞国防、科技、工业和交通基础设施建设，为解决建设中特别是交通基础设施建设中碰到的泥石流问题，大大加快了泥石流研究与预防工作开展的速度，泥石流这一专有名词也家喻户晓，为全国所了解。

3.3.1 泥石流的特征与分类

1. 泥石流的特征

泥石流具有以下几个特点：

（1）活动场所在山区。

（2）暴发突然，来势凶猛，一般历时短暂。

（3）密度（容重）变化范围大，通常介于 1.3 ~ 2.3 t/m^3 之间。

（4）固体物质粒度变化大，固体物质中有黏粒，也有粒径为数米的巨石，有的巨石几百甚至上千吨重。

（5）冲淤和破坏能力大，也因此造成严重危害。

2. 泥石流的分类

泥石流是一种比较复杂的地质现象，为了弄清它的基本特性，对它的分类依据也很多。从泥石流勘察和工程治理角度，常用的分类有：按地貌特征分类、按泥石流物质组成分类、按流体性质分类、按水源成因分类、按泥石流发育阶段分类、按泥石流暴发频率分类以及按泥石流规模分类。

（1）按泥石流发育和活动部位的地貌形态，可分为沟谷泥石流和坡面泥石流。坡面泥石流通常指发育在尚未形成沟谷的山坡上的小型泥石流，沟短坡陡，流域面积小，规模小，没有明显流通区，形成区与堆积区直接相接。沟谷型泥石流指运动和堆积均在一条比较完整的沟谷中进行，流域呈现狭长状，规模大，其固体物质主要来源于主、支沟沟床和两侧岸坡的松散堆积物的泥石流。与坡面泥石流相比，沟谷型泥石流物源更多，活跃期更长，爆发频率更高，危害也更大。

（2）泥石流固相物质组成复杂，差异较大，根据物质组成，可分为泥石流、泥流和水石流。泥石流是泥石流中最典型的一类，它的固相颗粒粒径分布广，粗细混杂，黏土、粉砂等细颗粒以及石块和巨大的漂砾石等粗颗粒均有分布。泥流是西北黄土高原特有的泥石流类型，主要的固体物质为黏土和粉砂等细颗粒组成，仅含有少量的石块，它黏度大，黏稠的浆体在流动过程中常在岸壁沾附有很厚、光滑的“泥皮”痕迹，在下游流通段或堆积扇上还有泥球现象。水石流主要由质地坚硬的大石块与水或与浓度很稀的泥浆组成，堆积区巨石累累，石块间隙明显，很少有细颗粒物质填充，黏土质细颗粒含量少。

（3）按照流体性质，泥石流可分为黏性泥石流和稀性泥石流。黏性泥石流含大量黏性土，黏性大，固体物质占 40%～60%，最高达 80%。其中的水不是搬运介质，而是组成物质。这种泥石流稠度大，石块呈悬浮状态，暴发突然，持续时间亦短，破坏力大。稀性泥石流以水为主要成分，黏性土含量少，固体物质占 10%～40%，有很大分散性。水为搬运介质，石块以滚动或跃移方式前进，具有强烈的下切作用。其堆积物在堆积区呈扇状散流。

（4）水是泥石流的组成物质，也是形成泥石流的激发条件，流域内短时间汇集大量的水，是泥石流产生的必要条件。通常，流域内的水主要来源于大气降水（暴雨、大雨和绵雨）、冰雪融水、溃决洪水，因此，基于形成和激发泥石流的水体成分的主要来源分类，可将泥石流分为暴雨型泥石流、冰川型泥石流和溃决型泥石流。

（5）泥石流按其发育阶段分为发展期泥石流、活跃期泥石流、衰退期泥石流和停歇期泥石流。

（6）泥石流爆发频率变幅较大，高者一年可发生数十次，低者数十年甚至数百年才发生一次。根据爆发频率，可将泥石流分为高频、中频和低频泥石流。高频泥石流指 1 年爆发多次或几年爆发一次的泥石流；中频泥石流指十几年到几十年爆发一次的泥石流；低频泥石流一般是百年甚至几百年才发生一次的泥石流。

（7）划分泥石流规模的指标主要是泥石流冲出的物质总量，根据规模分类，可将泥石流分为特大规模泥石流（50 万立方米以上）、大规模泥石流（10 万～50 万立方米）、中等规模泥石流（1 万～10 万立方米）和小规模泥石流（1 万立方米以下）。

此外，按泥石流形成与人类活动的关系还可以分为自然泥石流和人为泥石流。泥石流形成主要取决定流域自然条件的称为自然泥石流，泥石流形成主要取决定流域内的人类经济活动的称为人为泥石流。近年来，因人为因素诱发的泥石流数量正在不断增加，不合理的开挖，不合理的弃土、弃渣、采石，滥伐乱垦等都可能诱发人为泥石流。

3.3.2 泥石流的形成及危害

1. 泥石流的形成条件

泥石流的形成，必须同时具备三个基本条件：① 陡峻的便于集水、堆积物质的地形地貌；② 丰富的松散固体物质；③ 短时间内充足的水源。

地形条件是泥石流形成的空间条件。泥石流流域一般地势陡峭，沟床纵坡降大，有利于积蓄松散的固体物质，汇集大量的水源，通常分为形成区、流通区和堆积区三部分。上游形成区的地形多为三面环山，一面出口的漏斗状，地形开阔、山高坡陡，有利于水和固体物质的集中；中游流通区的地形多为狭窄陡峻的沟谷，沟床纵坡降大，使泥石流能够迅猛直下；下游堆积区是地形开阔平坦的山前平原或河流阶地，这里泥石流流速变慢，发生堆积。

丰富的松散固体物质是泥石流形成的重要条件。泥石流常发生在构造运动强烈、地震活动频繁、崩塌滑坡等不良地质现象发育、地层岩性易破坏风化的地区。此外，一些人类工程经济活动，如滥伐森林、矿山开采、工程弃渣等，往往也为泥石流提供了大量的物质来源。

水既是泥石流的重要组成部分，又是泥石流的激发条件和搬运介质。在我国，夏季降雨是泥石流最主要的水源，冰雪融水是高海拔地区，特别是青藏高原现代冰川和季节性积雪地区泥石流形成的主要水源，因水库、高山冰湖、崩塌滑坡形成的堰塞湖溃决而引起的洪水也可能形成泥石流。

2. 泥石流的危害方式

由于泥石流体中含有大量的松散固体物质，在运动和停积过程中，往往造成淤埋、冲刷、冲击、挤压和堵塞主河等危害。

淤埋是指泥石流在沟口附近的平缓地带流速降低，大量泥沙停止运动，淤埋堆积区内各种设施。

冲刷指的是在泥石流形成和流通区，携带大量泥沙的泥石流体在快速流动时，对沟床、岸坡造成冲刷，使沿岸设施遭受破坏。

冲击指泥石流体，特别是流体内携带的巨石在运动过程中产生巨大的冲击力，撞击工程设施，导致桥梁、房屋等被撞毁坏。

挤压、堵塞主河指当泥石流规模超过主河输运能力的时候，大量泥沙汇入主河，挤压河道，甚至完全堵断河道形成堰塞湖，进而导致上游河水位抬升，淹没上游沿河耕地、居民点、交通线路设施等；另外，堰塞湖一旦溃决，又会形成强大的溃决洪水，对下游造成严重危害。

3.3.3 中国泥石流的分布

我国山地面积广大，约占国土面积的 2/3，地质条件复杂，构造运动强烈，地震频繁，又多处于季风气候区，降水集中，泥石流类型众多、暴发频繁、危害严重，严重影响了山区的社会经济发展。我国现有成灾记录的泥石流灾害点 11 100 多处，是世界上泥石流分布及危害最集中、规模最大的国家之一。

中国泥石流的分布，大体上以大兴安岭—燕山山脉—巫山山脉—雪峰山山脉一线为界，该线以东，即我国地貌最低的一级阶梯的低山、丘陵和平原，泥石流分布零星。该线以西，即我国地貌的第一、二阶梯，包括广阔的高原，深切的极高山、高山和中山区，是泥石流发育最为集中的地区，泥石流沟群常呈带状或片状分布。其中，成片的泥石流沟群集中在青藏高原东南缘山地、四川盆地周边，以及陇东—陕南、晋西、冀北等以及黄土高原东缘为主的地区。

从泥石流类型来看，在西藏东南地区，主要分布冰川泥石流，西南地区主要分布暴雨泥石流，西北、华北和东北也有带状或零星分布，黄土高原地区主要分布暴雨泥流，东部山地主要分布暴雨水石流。从我国行政区来看，泥石流分布遍及全国的23个省（自治区、直辖市）。

我国泥石流分布特征具有以下规律：

（1）具有区域性、地带性，多集中分布在东部、东南部、西南地区。

（2）泥石流集中分布在我国地貌三大台阶的第一级前沿和第二级前沿等地形坡度大、沟谷切割强烈地带。

（3）泥石流集中分布在受季风气候明显影响、降水量集中的第一级地貌台阶前沿和第二级地貌台阶前沿的迎风坡地带。

（4）泥石流集中分布在深大活动断裂带上的地震活动强烈、频率高的地带，这些地带多产生大量的崩塌、滑坡等地质现象，成为泥石流的重要物质来源地带。

3.3.4 泥石流的工程防治

根据泥石流活动特点，防治措施采用以小流域为单元进行工程治理为主的综合治理，并根据泥石流形成、流通、堆积区的特性，采用经济、合理、针对性强的防治方案，最大限度地减少或弱化泥石流形成、致灾因子。

在泥石流形成区以抑制泥沙产生为主，阻滞泥沙输移，常用措施有恢复植被、建造多树种多层次的立体防护林、坡面截水沟、沟谷区的拦渣坝、导流堤、护岸、护底工程等。

在流通区以疏导为主，有条件的沟谷应采取分级拦挡。在地形较好的地区，采用可靠的拦挡措施，以达到减沙、减势、控制水沙下泄量、控制流量的效果。

在堆积区采取裁弯取直、束流排导、束水攻沙等措施，减少停淤，增大搬运能力，使泥沙顺利排入大河。

对规模巨大、势能大的泥石流，采取避让措施或防冲措施，如平面绕避改道、立面绕避（设渡槽、明洞渡槽、高桥、大跨桥、沟底隧道等）。

泥石流的主要防治措施一般可分为“排、拦、护、绕、保、预”六类。交通基础设施泥石流整治工程主要包括泥石流排导工程、拦挡工程、桥梁墩台立体防护工程、绕避措施、水土保持工程。

1. 排导工程

排导措施是引导泥石流安全通过铁路建筑物（桥涵）并顺利排入江河或不危害铁路及下游处所的一种过流工程措施。泥石流排导工程对于保护自然环境是一种较消极的办法。它任泥石流自然发展，将大量的泥沙、石块排入江河，可能给下游带来危害，但对保护点多线长的铁路等交通设施，仍是防灾效果明显、成本较低的主要措施，要注意消除可能对下游建筑、交通、农田等带来的危害。

既有铁路常用措施有排导槽（包括急流槽）和导流堤、渡槽及明洞渡槽、扩孔或抬梁扩大过流断面等。排导槽是一种常用的槽形线形过流构筑物，作用是提高沟槽输沙能力，增大输沙粒径，约束沟谷纵、横向的变形，将泥石流在控制条件下安全顺利地排泄到指定的区域。导流堤一般应用于堆积扇凹岸挡流引导工程，可改变泥石流流向，引导泥石流进入对铁路建筑物无害的停淤区内。渡槽、明洞渡槽是引渡泥石流从铁路建筑物上部排泄的构筑物。与此同时，还可以根据泥石流流量、暴发规模、构筑物排泄条件和新技术标准，对净空不足与过流安全储备不够的桥涵进行改造，以通过更新改造等技术措施达到提高桥涵设备排泄能力，满足泥石流安全通过的目的。因环境改变、泥石流发育加剧等，原有铁路桥涵的排泄能力与泥石流流量不适应，在上游有分流条件者，在上游做截流、引流工程，将泥石流、洪水（或部分）引导至预选的淤积场、相邻流域的桥涵排走，以减轻原有桥涵承灾负担。

2. 拦挡工程

拦挡是用来调节流量、拦渣滞流、护岸固坡、控制泥石流的动力条件、有效减少固体物质来源的一种工程措施。

3. 立体防护工程

立体防护工程是桥梁墩台因泥石流的发展和主河道的变迁，有可能被泥石流撞伤、冲毁而进行的防护、加固工程措施。常用的防护加固措施有：对冲刷沟段的浅基墩台，按最大冲刷深度做永久加固，以防泥石流的旁蚀下切。正对主河道的桥墩，墩前设防冲墩。加固桥墩，增加抵抗泥石流的刚性，但不能影响过流断面。迎水面的桥台设置垂裙、护墙、护锥，以增加桥梁的稳定性。

4. 绕避措施

在大型泥石流沟或泥石流集中地区，采用各种硬性防治措施进行综合整治都无法避免泥石流对铁路的危害，或采用综合整治措施不经济时，可改线绕避，以确保铁路安全。

5. 水土保持工程

水土保持、恢复生态平衡是治理泥石流的重要方法之一，其对减缓泥石流暴发频率、减小暴发规模有积极作用，但这项措施收效慢，培育、管理、权益方面牵涉广，非铁路单方所能做到。因此，对于急需见效的运营线路，当前仍然是以硬性防治措施为主，防治并重。重点区域为铁路线路两侧不宽的带状区域，而水土保持措施在有条件工点作为辅助措施。

3.3.5 泥石流的监测与预警

目前，泥石流监测主要为形成条件（固体物质、气象水文等）监测、运动特征和流体特征监测，并实行预测、预报、预警三个等级管理。

1. 泥石流监测

泥石流监测主要包括物源监测、水源监测和运动特征监测。

固体物质来源是泥石流形成的物质基础，应在掌握泥石流流域的地质环境、地层岩性、地质构造、地形、植被、崩塌滑坡发育情况、沟谷松散固体物质的数量及可移动的比例等的基础上，进行稳定状态监测。通常对以下两类进行定期巡查监测，及时发现泥石流物源条件的变化情况：

（1）形成区内松散土层堆积分布面积、体积的变化，林地面积、耕地面积的变化和水土保持情况。

（2）形成区和流通区内滑坡、崩塌的体积和近期的变形情况，活动情况，裂缝产生和裂缝宽度、深度的变化，包括深部位移监测、地表变形监测、倾斜仪监测、次生报警仪监测、宏观前兆监测等。此外，还有人类活动情况包括掘洞、削坡、弃渣、爆破等的监测。

诱发泥石流发生的水源因素主要有降雨、冰雪融化、溃坝洪水等。其中降雨引起的泥石流分布最广，目前研究也主要以降雨泥石流监测为主。对于大气降水，监测降雨量及其变化，主要监测与泥石流形成和活动相关的降雨量及降雨过程，监测内容主要包括地面降雨量监测、气象降雨量监测、测雨雷达监测。对冰雪融水，主要监测其消融水量和历时。当泥石流源区分布有湖泊、水库等时，还需要对地表水流量、水位、含沙量进行观测，评估其渗漏溃决的危险性。

泥石流的运动特征包括流量、流速、整体冲击力、冲起高度、弯道超高等，测量泥石流过后入汇口段面的变化，监测泥石流沟道演变和坡岸侵蚀，记录泥石流的输沙率；用超声波泥位仪、人工辅助计时等手段记录泥石流的历时、流深、流速、流量等，在流通段的中流线设立冲击力测试桩，获得泥石流冲击力数据。

2. 泥石流预报

泥石流预测预报作为一项重要的非工程减灾措施，通过提前判断其发生的时间、地点、规模、危害范围以及可能造成的损失，使危险区的居民及时得到预警信息，提前采取预防措施，达到保证人民生命财产安全、减轻灾害的目的。因此，泥石流预测预报就是对其可能发生的地点（区域或者沟谷）、时间（未来 1 小时、1 天、1 年或者更长时间）和特征（规模、流量、危害范围）等进行预先分析判断和结果的发布，分为空间预测（确定泥石流的危险区）和时间预测（泥石流爆发的可能性）。

泥石流的空间预测一般是中、长期预报，主要采用泥石流危险度区划方法。在区域调查的基础上，根据气象条件，比较明确地划定一段时间内泥石流灾害将要发生的地域或地点及其危害性大小。区域调查主要指利用区域内泥石流发育环境要素的分析和评估，以及利用泥石流沟密度、规模、频率等泥石流发育和活动状态的指标，确定不同区域的泥石流危险程度。目前我国已查明了泥石流的区域分布，建立了中国山区山地灾害数据库，编制了六百万分之一的中国泥石流分布与危险性分区图，以及不同比例尺的泥石流敏感性分区图。

目前，泥石流的时间预测几乎都是基于降水统计的预报，因为充足的水源是泥石流形成的必要条件，更是泥石流激发的决定性因素。基于此，国内外学者都试图找到适合于某一地区的降雨量临界值/阈值，判断在多大降雨条件下可能爆发泥石流，以便对泥石流的发生进行预测预报。他们根据区域内的历时灾害事件和地貌、地质、植被等影响因素确定泥石流发生的临界雨量。在不同的研究中，临界雨量有不同的指标，有总雨量、日雨量、三小时雨量、一小时雨量、三十分钟雨强、十分钟雨强等，还有十分钟雨量与前期雨量组合等。

3. 泥石流预警

在泥石流临近爆发或已爆发时，根据捕获的泥石流振动、次声波、泥位等特征信息，在泥石流未到达下游保护对象前，迅速向其发出预前警报信息，以便采取紧急预防措施。

泥石流简易警报的信息来源主要为人工巡查和简单仪器监测，人工监测主要为听到泥石流的轰鸣声、肉眼或望远镜看到沟内泥石流等，也可使用简单设备监测泥石流是否到达监测点。

泥石流专业警报主要利用多种传感器，针对泥石流发生及流动过程中所产生的地声、次声、流速、流量、泥位等数据变化，建立泥石流监测预警系统。泥石流监测和警报仪器在泥石流防灾减灾中发挥了重要的作用。仪器可分为接触式预警仪器和非接触式预警仪器。接触式预警仪，在泥石流沟道内不设应力应变和位移等传感器，传感器自动感应沟道处的应力应变和位移变化。根据各物理量的变化，判断泥石流是否发生，并估算其规模。主要的接触式报警仪器有冲击力监测仪、钢索监测仪、压力式泥位计等。非接触式预警仪器，通过仪器在不接触泥石流体的情况下，获得泥石流的影像、声音、振动、泥位等信息，判断泥石流是否发生，并估计其规模，主要有摄像机、超声波（激光）泥位报警仪、地声警报仪、次声警报器等。在需监测的泥石流沟道内，选定距保护对象有一定距离且比较顺直的沟段设监测断面，布置监测设施。通过监测地声、次声、影像等信息判断泥石流是否暴发，通过监测泥位、流速等判断泥石流的规模，进而根据泥石流危险性评价和分区确定的不同危害程度和范围所对应的泥石流流量来进行泥石流警报。

预报泥石流发生但尚未监测到泥石流信息时，发布黄色警报；监测到泥石流泥位，但经计算还不能造成危害时，发出橙色预报；监测到泥石流泥位，并计算出会造成危害时，发出红色警报。泥石流已经暴发，但监测到的参数不足或时间紧迫不能判断泥石流是否成灾时，也可发出红色警报。

第4章

交通基础设施水灾及其防治

4.1 水灾成因及分布

4.1.1 季节性洪涝

洪涝灾害主要分为发生在山区的山洪和发生在平原区的内涝。山洪指山区溪沟中发生的暴涨洪水，根据水源不同可分为暴雨山洪、融雪山洪、冰川山洪等，具有突发性、水量大、流速大、冲刷破坏力强等特点，常造成局部性洪灾。内涝指由于强降水或连续性降水超过城市排水能力致使城市内产生积水灾害的现象。洪涝灾害的发生具有明显的季节性、区域性和重复性，不仅威胁人类生命财产安全，甚至能够威胁相邻流域，造成水系变迁，破坏性较大。

降雨是洪涝灾害的主要成因。一般情况下，暴雨天气极易引发洪涝灾害。在我国，降雨主要受季风性气候影响或台风的影响。以大兴安岭、阴山、贺兰山、巴颜喀拉山、冈底斯山为界以南，为我国的季风区，降雨量由北往南逐渐增多。受季风性气候的影响，在我国存在四个暴雨多发区：

（1）东南沿海到广西十万大山南侧，包括台湾和海南岛，24 h 降雨量可达 500 mm。

（2）自辽东半岛—燕山—太行山—伏牛山—巫山一线以东的海河、黄河、淮河流域和长江中下游地区，24 h 降水 400 mm，太行山东南麓、伏牛山东南坡曾有 600～1 000 mm 或者更多的一些暴雨的记录。

（3）四川盆地，特别是川西北，24 h 暴雨量常达 300 mm。

（4）内蒙古与陕西交界处也曾多次发生大暴雨，高强度、大范围、长时间的暴雨常常形成峰高量大的洪水。

4.1.2 溃坝洪水

溃坝洪水是指蓄水坝体或挡水建筑物、挡水物体瞬时溃决，发生水体突泄所形成的洪水。坝体溃决后，突然失去阻拦的水体以立波形式向前推进，坝体全溃瞬间稍后达到洪峰流量，随后几小时内水体泄空。溃坝洪水的洪峰流量、流速、破坏力远远大于一般暴雨洪水或融雪洪水。溃坝洪水属于非正常、难以预测的突然事件，造成的灾害往往是毁灭性的。1933 年岷江上游叠溪地震引起山体滑坡堵塞岷江形成约 100 m 深的堰塞湖，其后发生溃决，洪水冲去灌县的一条街，使流经成都平原的岷江金马河段改道。1975 年河南省板桥水库土石坝在遭受连续强降雨后发生溃决，溃决洪水冲毁大量铁路桥梁、建筑物和村庄，造成大量人员死亡。1976 年美国提堂水库溃决，洪水淹没农田 400 多平方千米，11 人死亡，2.5 万余人无家可归，冲毁铁路 51 km。1955 年法国马尔巴赛拱坝溃决，490 万立方米的水一齐冲下，造成下游 384 人死亡，另有 110 人下落不明。

溃坝洪水中最常见的是由地震、滑坡或冰川堵塞河道壅高水位，形成堰塞湖，随着堰塞湖水位的上升，坝体突然崩溃引发的洪水。堰塞坝体的形成与固体物源、水源、地形条件有关。多数堰塞坝固体物源的生成与地震有关，地震可引发滑坡、崩塌等现象，形成大量松散堆积体。而持续降雨或强降雨，也可能造成大规模崩塌、滑坡、泥石流，使岩体进入河道、堵塞河道而形成堰塞坝体。对于高海拔山区，第四纪冰川退缩过程中冰碛物堆积和固结后其后缘径流汇集，也可形成冰碛堰塞坝体。

冰湖溃决洪水（Glacier Lake Outburst Flood，GLOF）是指在冰川作用区，由于冰湖突然溃决而引发的溃决洪水/泥石流。从区域范围来看，它是属于特定的地域灾害。冰湖溃决的主要诱因可能包括：

（1）坝体稳定性差。由于冰碛坝是由冰碛物组成的，冰碛物间胶结能力较差，坝体结构松散，稳定性比较差。

（2）冰舌入湖。冰川（冰舌）的活动变化会对冰碛湖的水位造成直接影响。如气候转暖或年均温度急剧回升，引起冰川的强烈消融，冰川积雪的融水集中到冰川前部，破坏冰舌的平衡状态，冰舌就会出现运动的跃变，以冰崩或者冰滑坡的形式瞬间将数以万计以至十万、百万立方米的冰滑坡体涌入湖中，激起巨浪，形成冲击波，导致冰湖溃决。

（3）冰/雪崩。冰崩是指冰川上冰体崩落的现象。一旦冰湖上端冰川的平衡状态被打破，就会以冰崩或冰滑坡的形式使冰体落入湖中，引起冰湖溃决，尤其是悬冰川最容易发生冰崩。大量雪体崩塌，如果积雪抛程远到能够进入冰碛湖，也会引起冰湖内涌浪，诱发冰湖溃决。

（4）气候条件。夏季冰川融水显著增加，也是降雨量最大的时期，较大的降水量加上较多的冰川融水，会导致冰湖水位的上涨，对冰碛坝的稳定造成威胁。

（5）地震作用。地震作用将影响冰川（冰舌）稳定状态、湖盆区域积雪的稳定状态以及冰碛堰塞坝的稳定性，直接或间接地对冰湖溃决起促进作用。

4.1.3 堰塞湖灾害

堰塞湖是由泥石流、岩崩、火山熔岩流、冰碛物等不同种类的固体物质堵截山谷、河谷或河床后贮水而形成的湖泊。我国山区广泛分布着规模不同的堰塞湖。堰塞湖的形成过程一般是原有的畅通的水系被堆积物阻塞，堆积物可能是由于地震活动引起的山崩滑坡体，可能是泥石流，也有可能是火山熔岩流抑或是其他的物质。河道被堵塞后，在堰塞、坝体的阻拦作用下，上游水位不断上升，并形成一个天然的库区。由此可见，堰塞湖的形成与固体物源、水源、地形条件有关，地形是空间条件，影响着固体物源的形成和水体的聚集。水源和固体物源是物质条件，两者都具备了，才有可能形成堰塞湖。

1. 堰塞湖的形成

堰塞湖的形成需要具备地形条件、固体物源条件和水源条件。堰塞湖大多位于山区，在堰塞湖形成过程中，首先需要火山熔岩、滑坡堆积物或冰碛堰塞物等形成天然的堰塞坝体，并与周围地形组成一个天然的蓄水区。一般情况下堵塞堰塞湖坝体处于河道或山谷部位时，更容易形成堰塞湖，有些则可能需要通过长期降雨或冰川融雪的累积才最终形成堰塞湖。

堰塞坝体是形成堰塞湖的固体物源条件。堰塞坝体的物质组成、渗透稳定性及抗冲刷能力是堰塞湖能否形成的关键条件。堰塞坝的物质组成非常复杂，主要由风化程度较差的天然宽级配松散岩土体组成。如果堰塞坝颗粒级配较宽广，自身稳定性较好，并且抗渗透能力相对较好，则有利于形成堰塞湖。

堰塞湖的形成需要充足的水源条件，主要包括两方面：堰塞坝固体物源产生的水源条件和成湖的水源条件。多数堰塞坝固体物源的生成与地震有关，另外一个重要的因素是降水。持续降雨或强降雨，均有可能造成大规模崩塌、滑坡、泥石流，一旦这些岩体进入河道，便有可能堵塞河道而形成堰塞湖。

不同固体物源类型，其物源生成的降水激发方式有所不同。比如，对于崩塌体而言，降雨入渗一方面造成危险岩体陡倾结构面充水，在岩体后方形成水压力；另一方面渗水容易造成危险岩体底部岩土体遇水软化。特别是对于含有软弱夹层的岩体，在这两方面的综合作用下，便可能发生崩塌。而对于泥石流，降水既造成岩土体失稳滑动，又产生用于携带岩土体物质的水流，在足够强大的激发雨量和足够丰富的土量条件下，便能出现大规模泥石流冲出沟口，成为堵江的堰塞坝体。而堰塞湖成湖的水源主要来自大气降水，其次为地下水和冰雪融水。我国堰塞湖大多分布在典型的季风气候区，这些地区雨量充沛，降水集中，夏天多暴雨和特大暴雨。降水产生丰富的地表径流，使得堰塞体蓄水形成堰塞湖。

堰塞坝由于主要为天然土体堆积形成，通常情况下为土石坝。漫顶和渗透破坏是堰塞坝的两种最主要的溃决模式。漫顶溃决是堰塞湖水位过高，漫顶水流对坝体外部进行冲刷，导致溃口逐渐扩大；渗透破坏是坝体渗流引起内部冲刷，导致溃口逐渐扩大。堰塞湖溃坝导致的溃决洪水难以预测。

按照形成原因的不同，堰塞湖可分为滑坡（崩塌）堰塞湖、泥石流堰塞湖、火山熔岩堰塞湖、冰碛堰塞湖。此外，由于强震往往形成大量的崩塌滑坡堰塞体，也将地震引发的崩塌滑坡而形成的堰塞湖称为地震堰塞湖。

2. 堰塞湖的分布

我国山地面积约占国土面积的2/3，构造运动强烈，地震频繁，又多处于季风气候区，降水集中，滑坡、泥石流堵江后形成堰塞湖在我国山区广泛发育。总体而言，我国滑坡堵江堰塞湖分布划分为以下六个分区：

青藏高原东南部区：此区是滑坡堵江较发育地区，大型崩塌、泥石流堵江为其特色，堵江体规模大，常形成高原深水湖泊。典型的如波密古乡湖、易贡湖、八宿然乌湖等。

横断山区滑坡堵江分布区：该区是我国滑坡堵江发育最广泛、最严重的地区，以暴雨、地震诱发的滑坡、泥石流、崩塌堵江为其特征，一般规模中型或大型，活动频繁，呈带状分布于金沙江、雅砻江、大渡河、岷江。

川-鄂山区：此区滑坡堵江以暴雨成因的滑坡、崩塌堵江为其特色，规模为小型、中型、大型堵江滑坡，主要分布在长江三峡、乌江及其支沟。在长江上多为不完全堵江，形成滩险。支沟或支流上多为完全堵江。

秦岭大巴山区：此区堵江滑坡以暴雨成因的滑坡为主，规模小型、中型，主要分布于汉江、嘉陵江及其支流。

西北高原区：该区为黄土滑坡、崩塌和半成岩滑坡、崩塌的主要分布区，以黄土滑坡和半成岩滑坡堵江为其特色，规模大，活动强烈，滑坡运动距离远。一般形成低矮的土坝，易于被水冲刷溃决而不能造成大的危害。主要分布在黄河上游及其支沟上。

台湾山区：台湾地区发生过多起滑坡堵江事件，主要分布于台湾中部的阿日山区，以暴雨、地震滑坡为主。

3. 堰塞湖的危害

堰塞湖依靠堰塞坝的存在而在一定时间内保持着威胁性，而堰塞坝是会在各种因素的作用下发生变化的，包括流水冲刷、侵蚀、溶解进而发生崩塌等情况。一旦堰塞坝被破坏，湖水便沿着缺口倾泻而下，携带着堰塞物形成洪水、泥石流，对下游交通基础设备产生巨大冲击。

堰塞湖形成后，由于堰塞坝体内水位不断上涨，淹没堰塞坝上游道路、农田、水利设施和城镇。淹没灾害一般多发生于靠近堰塞坝的上游区域，随着堰塞湖水位的上升，其淹没区域在不断扩大。但是随着堰塞湖的溃决或者溢流，其淹没范围将减少，受淹没区域重新露出水面。

随着堰塞湖水位的不断上升，堰塞坝所承受的压力越来越大，同时堰塞坝内的含水量也会升高，其稳定性逐渐降低，堰塞坝可能溃决，发生重大洪灾。堰塞湖一旦决口，溃决洪峰的破坏性并不亚于滑坡灾害。坝体突然溃决，将产生比原有水文记录高很多倍的瞬时洪峰过程，在短时间内能完全改变河道的自然水文过程，造成巨大破坏。

堰塞湖对河床的影响主要表现在：堰塞湖形成后，在没有发生完全溃决的状况下，堰塞湖上游河床随着泥沙淤积而持续升高；地震后大部分堰塞湖没有完全溃决，都保持一定的坝高与水位，尤其是在河流上游无人区内的堰塞湖保存较为完整，淤积大量泥沙，大幅度抬高河床；堰塞湖溃决将会产生高强度的溃决洪水，不仅冲刷下游河道，同时还将大量固体物质向下游搬运、淤积，造成河床升高；震后山区河流上由于泥石流堵河形成堰塞湖发生溢流，如果堰塞湖比较稳定，不易溃决，则形成串珠状堰塞湖群，泥沙在堰塞湖群内淤积，造成河道拓宽，河床逐级淤高。

此外，堰塞湖在很多情况下还诱发崩塌、滑坡、泥石流等次生灾害，对河流输沙和地貌过程等产生显著影响。坝体溃决所引发的高强度输沙导致下游河道和洪泛区严重淤积，强烈影响河流地貌的中长期演变过程及其稳定性。

4. 堰塞湖的应急处置

在发生山体滑坡形成堰塞湖的初期，如果堰塞湖对上下游的人民生命财产构成威胁，就要进行紧急排险处理。常用的处置方式主要有漫顶溃决、爆破泄流、固堰成坝、开渠引流、自然留存等。通过挖掘、爆破等方式形成导流槽，让积水有一个临时河道可以泻出，然后再想办法清理堰塞体。那些体量过于庞大的堰塞湖，还有可能永久保留，例如汶川地震后形成的唐家山堰塞湖，在排除险情后，现在已成为北川的一处风景。

堰塞湖应急处置的基本方法是疏导、引流、降水。制定堰塞湖工程措施时应根据堰塞湖的具体情况因地制宜，选用一种或多种组合措施。应急处置方法分为：

（1）安全排水法。开设排水通道，使得水流尽快导入下游，控制上游水位的上涨，同时加固渠底和渠岸，防止堵塞坝溃决；或者，通过工程措施，在水位较低时，挖除堵塞体。

（2）分层爆破与开挖。降低堰塞坝顶溢流高程，尽可能降低堰塞湖水位和库容。采用机械开挖、爆破、人工开挖相结合，机械淘渣、水力冲渣、装载机运渣的“淘、冲、运”相结合的施工模式，在堰塞坝顶低矮处开挖出满足设计过流要求的泄流槽，达到降低堰塞湖水位，提前引流、泄流，降低堰塞坝整体溃决风险，在泄流槽过流时让水流自然扩宽泄流槽，控制下泄流量，实现堰塞坝体逐步溃决，最终排除险情的目的。

4.2 水灾典型案例

4.2.1 季风性暴雨引起的洪涝案例

2012 年 7 月 21 日至 22 日 8 时左右，中国大部分地区遭遇暴雨，其中北京及其周边地区遭遇 61 年来最强暴雨及洪涝灾害，即“7 · 21 北京特大暴雨”事件。北京市政府举行的灾情通报会的数据显示，此次暴雨造成房屋倒塌 10 660 间，160.2 万人受灾，经济损失 116.4 亿元。

气象观测显示，本次暴雨除延庆外，北京 90%以上的行政区域降雨量都在 100 mm 以上，全市平均降雨达 190.3 mm。11 个气象站观测到的雨量突破了建站以来的历史极值，部分地区一天降雨量达到甚至超过了年平均降雨量。有记录的最大降雨量出现在房山区河北镇，为 460 mm，达到了特大暴雨量级。本次暴雨过程中的短时雨强也同样惊人。气象上规定，24 h 降水量为 50 mm 或以上的强降雨称为“暴雨”，但在“7 · 21”暴雨中，北京有些地区 1 h 内的降雨量就超过了 50 mm，平谷挂甲峪更是高达 100 mm，雨强之大超乎想象。如图 4-1、图 4-2 所示。

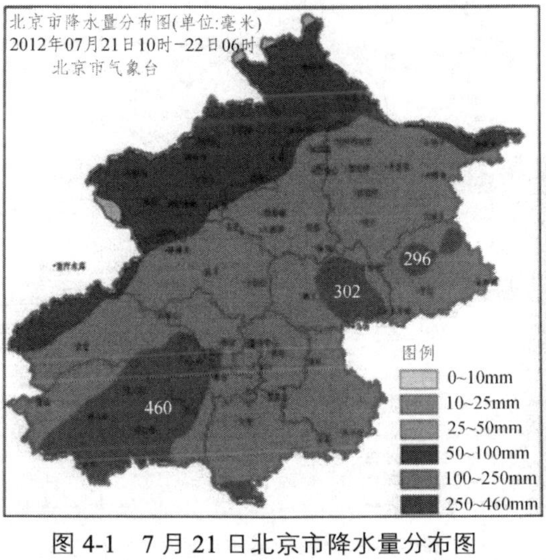

图 4-1 7 月 21 日北京市降水量分布图

图 4-2 城区道路内涝照片

“7 ·21 北京特大暴雨”对交通基础设施造成了重大影响。全市主要积水道路 63 处，积水 30 cm 以上路段 30 处；路面塌方 31 处；3 处在建地铁基坑进水；轨道 7 号线明挖基坑雨水流入；5 条运行地铁线路的 12 个站口因漏雨或进水临时封闭，机场线东直门至 T3 航站楼段停运；1 条 110 kV 站水淹停运，25 条 10 kV 架空线路发生永久性故障，后 10 kV 线路全部恢复供电。降雨造成京原等铁路线路临时停运 8 条，已恢复 7 条。暴雨还导致京港澳高速公路出京方向 17.5 km 处的南岗洼铁路桥下严重积水，积水最严重时，被淹路段长约 900 m，平均水深 4 m，最深处 6 m，桥下积水 20 余万立方米，81 辆汽车被困水下，京港澳高速长阳段道路交通中断。到 24 日上午 8 时，全部积水被排干，共抽积水 23 万立方米，清理淤泥 3 000 m^3，打捞出浸水车辆 127 辆，其中出京方向 116 辆，进京方向 11 辆，打捞出遇难者 3 名。从 24 日 11 时起，京港澳高速双方向全部恢复通车。

南岗洼铁路桥下严重积水原因主要有四条：

（1）受强降雨的影响，21 日晚京港澳路段降雨量达 255 mm。

（2）局部地形特点，这一路段正好处于两条河流汇合前的三角区，而南岗洼正好处于这一片地区的最低洼处。除了高速公路积水的地段外，这一地区整体积水面积达 84 hm^2。

（3）桥下的水泵站因为大雨，3 台水泵完全被水淹没，致使断电水泵停止工作。

（4）高速路护坡的防水系统被外来水流冲开，当时流经此处的河流已经决堤，致使水量大增，淹没了整个路段。

2018 年，北京市启动了京港澳高速南岗洼积水治理工程，将该处积水点排水标准由现状的 2 年一遇提升为 30 年一遇，区域防涝标准提升为 100 年一遇。工程拆除改建佃起河跨河箱涵 1 座（长 30.86 m、宽 37.5 m），改建雨水调蓄泵站 1 座（2.84 m^3/s），新建挡水墙 2.5 km，同步改造桥区收水系统，如图 4-3 所示。

图 4-3　南岗洼积水及治理工程

4.2.2　强台风暴雨引起的洪涝案例

2019 年 8 月 4 日，“利奇马”诞生于西北太平洋洋面上，经过 3 d 的海上“流浪”，成长为超强台风并加速了靠近我国的步伐。10 日凌晨，“利奇马”以超强台风姿态登陆浙江，中心附近最大风力 16 级（风速 52 m/s），一举成为 1949 年以来登陆我国（统计数据不包括台湾）第五强、登陆浙江第三强、2019 年以来登陆我国最强的台风。在浙江停滞 20 h 后，穿过江苏移入黄海，成为滞留浙江时间最长的超强台风。11 日夜间，“利奇马”再次登陆山东，中心附近最大风力 9 级（风速 23 m/s，热带风暴级），迅速穿过山东半岛后进入渤海，继续它的海上流浪。自登陆以来，它共在陆地停留 44 h，是个相当“长寿”的台风。

受“利奇马”影响，浙江、山东、江苏等地均出现极端强降雨天气，浙江全省平均降雨量 165 mm，其中，临海括苍山过程雨量达 831 mm，为登陆浙江台风第二位（第一位为乐清砩头 916 mm，0414 号台风“云娜”所致）；山东平均降雨量 158 mm，超过了 2018 年台风“温比亚”带来的降雨（全省平均 135.5 mm），为山东有记录以来的过程降雨量最大值。此次降雨过程强度大，极端性显著。浙江、山东等地共 35 个气象观测站日降雨量突破当地 8 月历史极值，24 个站点突破当地日降雨量的历史极值，以山东省突破极值的站点数最多。

“利奇马”风雨强度大，影响区域又位于我国东部经济发达、人口密集的地区，加之北方沿海地区面对台风灾害防御能力较弱，造成了严重的灾害损失。据应急管理部统计，截至 2019 年 8 月 14 日，“利奇马”共造成 1 402.4 万人受灾，56 人死亡，14 人失踪，1.5 万间房屋倒塌，农作物受灾面积 113.7 万公顷，其中绝收面积 9.35 万公顷，直接经济损失 515.3 亿元。“利奇马”造成的直接经济损失是 2000 年以来第二多，仅次于 1323 号台风“菲特”（631.4 亿元）。

“利奇马”给浙江带来暴雨。温州乐清、台州玉环等地过程雨量均在 200 mm 以上。其中，最大降雨量出现在乐清，超过 257 mm。雁荡山风景区道路积水严重，停放在路边的多辆车被淹。104 国道乐清湖雾段半幅封闭，县道水鹤线、高福线、雁楠公路中断，乡道牛主线、淡东线封道，国道和农村公路多处路基路面泡水、塌方，行道树倾倒，累计路基路面受损 317 250 m^2，挡墙受损 2 000 m^2，塌方 3 000 m^2，北片大荆镇和仙溪镇严重受灾。如图 4-4、图 4-5 所示。

图 4-4　S223 省道 K60+650 段路面冲毁

图 4-5　罗仁线 K1+900 山体滑坡

永嘉县共发生公路水毁塌方 60 处，塌方量共计约 11 000 m^3，设置警示标志牌 30 个，经济损失 5 000 多万元，公路中断 3 条，如图 4-6 所示。道路中断主要集中在岩坦镇、溪下镇、鹤盛镇、云岭乡。

图 4-6　永嘉县公路被淹没

4.3　路基水毁实例及工程处治

4.3.1　暴雨山洪引起的路基水毁实例

山区公路路基水毁可分为路面水毁、路堤水毁和防护工程水毁三种类型。路面水毁一般由河水漫流或路基坍塌导致；路堤水毁一般由河水冲刷路堤中下部，造成路堤本体坍塌；防护工程水毁指的是挡墙、护坡等坡面防护工程或护坦、丁坝等坡脚防护工程在河水冲刷下失稳、坍塌从而导致路基、路面毁坏。

如图 4-7 所示，海通沟地处西藏芒康县朱巴龙（竹巴龙）乡西曲河段，是川藏公路 G318 南线上水毁最严重的路段。2016 年 7 月 24 日，海通沟受强降雨影响，西曲河河水高涨，川藏公路海通沟段 K3403 处小桥被淹没，85 m 长的路基垮塌。2019 年 9 月 5 日，芒康县公安局朱巴龙公安一级检查站在道路交通隐患排查工作中发现，受连续暴雨影响，国道 318 线海通至朱巴龙段，多处路段出现山体塌方、落石、路基被冲毁现象，交通受阻，道路中断。现在海通沟路段已经启动了整治改建工程，以桥、隧方式绕避原水毁严重路段。海通沟路段改造长度为 57 km，改建起点为金沙江西藏侧桥头，终点在宗拉山的山顶，全段采用三级公路技术标准建设，汽车荷载等级采用公路—Ⅱ

级，改建工期为 2017 年 12 月至 2019 年 12 月。

路基水毁实际案例如图 4-8 所示。

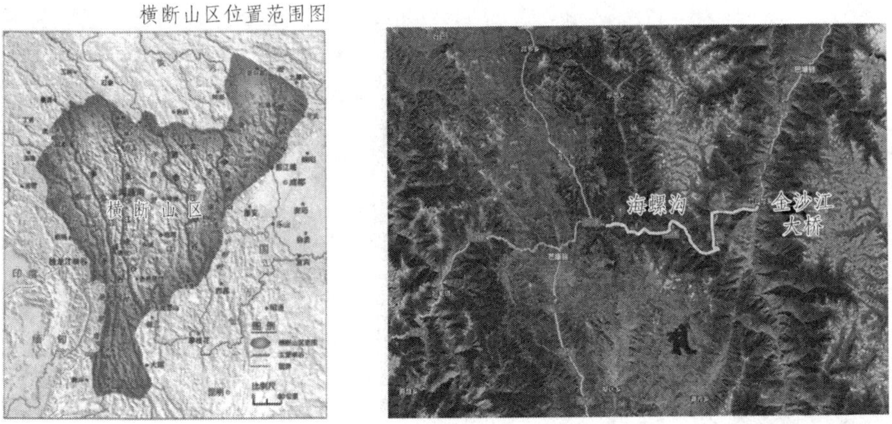

图 4-7　海通沟位置图

（a）沿河挡墙坍塌

（b）路基坍塌、路面损毁

（c）河水漫溢、路面损坏

（d）河水冲刷、路基缺失

图 4-8　路基水毁实际案例

4.3.2　河道挤压引起的路基水毁案例

汶川地震造成强震区大范围山体崩滑并引发大量的泥石流灾害。沿河谷分布的崩塌体会挤压、堵塞河道；同时，泥石流堆积体进入主河后，也会压缩河道，改变河流的水动力条件。如图 4-9 所示。

（a）地震崩滑体挤压河道现象

（b）泥石流堆积体挤压河道现象

图 4-9　河道挤压路基水毁实际案例

当沿河地震崩滑体或泥石流堆积体进入主河、挤压河道后，将引起局部冲刷，造成沿河路基水毁现象，如图 4-10 所示。

（a）S303 映秀至耿达段路基被冲毁

（b）都汶公路二级公路段数千米路基被冲毁

图 4-10　河道挤压路基水毁实际案例

4.3.3　溃坝洪水引起的路桥水毁案例

沿河谷布设的公路、铁路工程存在堰塞湖溃坝洪水造成的水毁风险。堰塞湖溃坝会造成超高位洪水，从而威胁到下游路基、桥梁的安全。堰塞湖溃坝洪水对公路的危害案例以易贡堰塞湖溃坝水毁和金沙江堰塞湖溃坝水毁最为典型。

1. 易贡堰塞湖溃坝水毁案例

2000 年 4 月 9 日 20 时，西藏林芝市波密县易贡藏布左岸支流河扎木弄沟发生巨大山体崩滑，在重力作用下，强大的冲击力激发了沟内沉浸百年的碎屑物质，在短暂的 10 min 内，沟内的块石碎屑物质瞬间形成高速滑坡并解体，继而转化为超高速块石碎屑流，倾泻于易贡湖出口处，完全堵塞了易贡藏布河，形成长约 2 500 m、宽约 2 500 m，最大厚度达 130 m、平均厚度 60 m、体积约 2.8 亿～3.0 亿立方米的土石坝，使易贡堰塞湖再次全部堵塞，湖水位急剧上涨。在堵断易贡湖 62 d 后，6 月 10 日晚 8 时，该湖因上游持续降水，湖水溢流坝顶产生溃决，形成特大溃决型洪水，6 月 11 日晨 2—3 时，洪峰通过通麦大桥时的流量达 1.24×10^5 m^3/s。该次灾害造成了约 8 km^2 的森林瞬间化为乌有，易贡、八盖两乡及易贡茶场等 4 000 余人受灾。著名的易贡茶厂近 1.33 km^2 茶园受淹，直接经济损失 1.3 亿元以上，川藏公路全线中断，冲毁通麦大桥、解放大桥等桥梁 10 余座，公路 50 余千米。在下游的印度境内，共造成 30 人死亡，100 人失踪，20 座大桥被毁，灾害损失达 2 290 万美元，如图 4-11 所示。

（a）2000 年 5 月 12 日易贡大滑坡影像　　（b）易贡湖堰塞坝位置

图 4-11　易贡大滑坡及堰塞坝情况

通麦大桥是川藏公路 318 国道的咽喉工程。第一座通麦大桥修建于 20 世纪 50 年代，为 3 孔 50 m 钢桁架穿式梁桥。在易贡堰塞湖溃坝后，溃决洪水冲毁了通麦大桥和通麦至迫龙路段近 10 km 的公路路基，根据西藏自治区抗洪抢险指挥部要求，在最短时间内修建一座临时保通桥梁(图 4-12)。大桥设计为双塔双跨悬索桥，桥梁全长 258 m，主跨跨径 210 m，桥面净宽 3.7 m，设计荷载为单车 200 kN，桥上限速 5 km/h，设计使用年限 8 年。经过两个月的设计和两个半月的施工，重建后的通麦大桥于 2000 年 12 月 21 日通车，结束了半年多的 G318 断道事件。

（a）易贡大洪水前的通麦大桥全景

（b）易贡大洪水后通麦大桥已全毁

图 4-12　易贡大洪水成灾情况

在 2005 年，由于使用年限过长，加之车辆也在逐年增多，大桥的部分拉杆无法均匀受力，承载能力有所下降。为了保证通行安全和正常使用，将该桥的载重能力下调到单车 15 t，单面单车通行。在 2013 年 8 月 2 日晚，该桥发生了垮塌（图 4-13），桥上一辆货车坠入江中，4 人失踪。

图 4-13　2013 年通麦大桥坍塌

新修建的通麦特大桥，为单塔单跨悬索桥结构，于 2015 年底建成通车。桥梁全长 256 m，桥面宽 13.4 m，采用了双向双车道通行（图 4-14），相比通麦老桥，不仅提高了安全性，而且还大大提高了通行效率。

图 4-14　通麦大桥新桥

2. 白格滑坡堵塞金沙江，形成堰塞湖水毁案例

2018 年 10 月 10 日晚 22 时 6 分，西藏自治区昌都市江达县和四川省甘孜藏族自治州白玉县境内发生山体滑坡，滑坡体堆积形成高约 51 m 的堰塞坝，滑坡体堵塞金沙江干流河道，形成堰塞湖，堵塞金沙江干流河道 1.2 km。10 月 13 日 9 时，在造成金沙江断流 44 h 后，堰塞坝开始自然溢流，江水以 5 000 m^3/s 左右的流量奔流而下，堰前水位迅速下降，湖水水位下降 20 多米，溃坝隐患消除。

11 月 3 日 17 时 40 分，白格滑坡后缘发生二次滑坡，滑坡体导致金沙江再次断流形成堰塞湖，堰塞坝高 84 m，后经人工干预开挖泄流槽，堰塞湖于 12 日 10 时 50 分开始过流，11 月 13 日 14 时，白格堰塞湖开始大规模泄洪，最高流速达 31 000 m^3/s，竹巴龙大桥断面处的最高流量达 21 000 m^3/s，洪水淹没整个朱巴龙大桥，水面高出桥面约 4 m。14 日上午 7 时左右，洪水开始减弱，洪水造成竹巴龙大桥 7 跨梁板被冲毁。此外，国道 318 线 23 km 长路段受损严重，其中 2 km 路段路基路面全毁。如图 4-15 所示。

（a）白格滑坡发生前　　（b）白格滑坡堵江后

图 4-15　白格滑坡堵江前后

国道 318 线朱巴龙金沙江大桥位于川藏公路分界线上，2007 年建成通车，为 9 跨 270 m 长大桥，上部结构采用 8×30 m 预应力 T 梁+1×25 m 预应力混凝土现浇空心板，下部结构采用桩柱式桥墩、摩擦桩基础、肋板式及重力式桥台。桥梁设计洪水频率为 1/100。桥址区百年一遇设计水位为 2 475.08 m，设计流量为 7 530 m^3/s。10 月 13 日第一次泄洪时，桥位处最大洪峰流量为 7 850 m^3/s，最高水位约为 2 475.3 m（比盖梁底约低 2 m），桥梁基本保持完好。2018 年 11 月 3 日，波罗乡白格村原山体滑坡点发生二次滑坡。2018 年 11 月 13 日晚至 14 日凌晨，白格堰塞湖进行第二次泄洪，巴塘水文站断面测得洪峰流量达 20 900 m^3/s，桥位处水位约为 2 485 m，超过桥面高程约 4 m（桥面高程为 2 481.19 m），桥完全被淹没在洪水中。11 月 14 日 0:45，金沙江大桥江心的两孔桥梁上部 2 ~ 8 孔梁体被冲走，长达 210 m。如图 4-16 所示。

（a）冲毁前的金沙江大桥　　（b）冲毁后的金沙江大桥

图 4-16　白格滑坡堵江前后

四川境内，金沙江堰塞湖的洪水冲垮了一座铁索桥。白格堰塞湖泄流洪水进入云南境内后，国道 214 线德钦县奔子栏境内部分道路被江水淹没，道路中断；香格里拉市尼西到维西其宗沿线道路多处被江水淹没，多座桥梁被江水冲毁，道路完全中断。其中，羊拉大桥、奔子栏叶日信顶大桥、江东桥、江东浓大桥、拖顶尼仁大桥、拖顶老桥、上江木高大桥等 7 座桥梁被洪水冲毁。

4.3.4　冰湖溃决的工程实例及防治

在高寒强震山区分布着大量的冰湖，尤其是在帕隆藏布流域，近年来，随着气候的变化，冰湖数目增多，多数冰湖有发生溃决的危险，如米堆冰湖溃决泥石流（冰湖溃决—泥石流—堰塞湖—洪水）便是典型案例之一。

米堆沟位于北纬 29°23′18″ ~ 32′10″，东经 96°27′45″ ~ 35′05″，东距然乌 22 km，西距波密县城 94 km，在川藏公路 84 道班处汇入帕隆藏布江，流域面积 117.5 km^2。米堆冰湖宽 550 m、长 950 m、深 31 m，容积 640×10^4 m^3。1988 年 7 月 15 日深夜，米堆沟暴发冰湖溃决泥石流，溃决洪水席卷沟内的米堆村，急泻而下的泥石流体堵塞帕隆藏布，波及下游 94 km 远的波密县城，冲毁川藏公路，从 84 道班至波密县城（94 道班）

段内，路基全毁 21.57 km，部分被毁 7 km，造成川藏公路 G318 线中断交通半年之久。如图 4-17、图 4-18 所示。

图 4-17　米堆沟冰湖溃决造成帕隆藏布江发洪水

（a）米堆冰川冰湖全貌　　（b）米堆冰湖溢流口

图 4-18　米堆冰川冰湖成灾情况

第 5 章

交通基础设施风灾及其防治

5.1 风灾类型及分布

风，是流动的空气。当空气的压力不同时，空气就会从压力较大的地方流到压力小的地方，这时就产生了风。合理利用风可以造福人类，如发电、制冷及航行等；但当风力达以一定程度时，也会给人类带来巨大灾害。我国是受风灾影响最严重的国家之一，东南沿海、西北等地均有大风区。例如：我国平潭海峡跨海通道附近，每年 8 级以上大风发生天数近 100 d；琼州海峡附近，每年 8 级及以上大风发生天数预计超过 150 d；兰新铁路百里风区最大瞬时风速达到 64 m/s；四川大渡河兴康特大桥桥址的实测的 10 min 平均风速达到 11 级。风会严重影响结构和行车安全，所以风灾是交通基础设施灾害防治研究的重点之一。

从气象学的角度进行分类时，大风的类型很多。本节仅对季风、热带气旋、龙卷风、下击暴流、山谷风等进行简要介绍。

5.1.1 季　风

季风是大气流动中出现的最为频繁的风。这种风冬季由内陆吹向海洋，夏季由海洋吹向内陆，与四季有关，故称为季风。在内陆和海洋，地表性质不同，对热的反应也不同。冬季大陆上辐射冷却强烈，温度低形成高压，与它相邻的海洋中水的比热大，辐射冷却比大陆缓慢，温度比大陆高，形成气压低。气压梯度的方向由大陆指向海洋，风即从陆地吹向海洋。到了夏天，风向则相反。亚洲大陆陆地辽阔，受季风的影响非常强烈。

季风的异常往往会引起干旱、洪涝和其他极端天气气候事件。一般认为季风是海陆热力差异引起的以一年为周期的大范围对流现象。我国季风主要表现为：盛行风向随季节变化而变化，冬季盛行西北季风，夏季盛行西南季风。东亚夏季风的年际变异将导致我国干旱和洪涝等重大气候灾害的发生，而东亚冬季风的变异将导致我国严重雪灾、寒害和沙尘暴的发生。

5.1.2 热带气旋

热带气旋是指热带或副热带海洋上的气旋性涡旋，在北半球做逆时针方向旋转，在南半球做顺时针方向旋转。热带气旋的形成随地区不同而异，主要是由太阳辐射在洋面所产生的大量热能转变为动能（风能和海浪能）而产生。热带气旋按中心附近地面最大风速划分为超强台风、强台风、台风、强热带风暴、热带风暴、热带低压六个等级。热带气旋以登陆时所造成的破坏最大，对于交通基础设施而言，台风（12 级以上大风，在北大西洋及东太平洋称为飓风）的风力足以损坏以至摧毁陆地上的建筑、桥梁、车辆等。风亦可以把杂物吹到半空，使户外环境变得非常危险。我国东部、南部沿海地区是世界上受热带气旋影响最严的区域之一，但热带气旋的发生通常能通过天气预报进行预测，需要采取措施以减少损失，如封闭交通、停止施工等。

5.1.3 龙卷风

龙卷风以其突发性、不可预测性，对结构危害非常大，是目前风工程领域研究的热点问题之一。龙卷风是一个猛烈旋转着的圆形空气柱，它的上端与雷雨云相接，下端有的悬在半空中，有的直接延伸到地面或水面，一边旋转，一边向前移动。龙卷风内部存在低气压，在龙卷风扫过的地方，犹如一个特殊的吸泵一样，把所触及的水和沙尘、树木等吸卷而起，形成高大的柱体。扫过建筑物顶部或车辆时，使建筑物或车内外形成强烈的气压差，顷刻间就会使建筑物或交通车辆发生“爆炸”。我国龙卷风灾害表现为夏季最多，春季次之，其中，7 月份龙卷风发生次数最多且灾情最重。

据统计，1984—2013 年我国共发生 2201 次龙卷风灾害事件，平均每年 73 次。我国龙卷风灾害发生次数表现出西少东多的特征，西北和西南地区龙卷风灾害发生少、灾情轻，而中东部地区的江苏、安徽、湖北、湖南、江西和广东龙卷风发生频次高，其中江苏和安徽最为严重。和世界上任何地方一样，发生在我国的龙卷风也无规律可循。

5.1.4 下击暴流

下击暴流指一种雷暴云中局部性的强下沉气流，也称为雷暴风。下击暴流在到达地面后会产生直线型大风，越接近地面风速越大，严重影响桥面行车、飞机起降、船舶等的安全。我国是雷暴多发地区，统计表明，华南、西南及西藏、青海和甘肃的部分地区下击暴流发生频次高，东北、华北、华中、华东及福建沿海和西藏、青海、甘肃的部分地区发生频次次之。

下击暴流的发生范围十分广泛，遍布亚洲、澳洲及北美洲等地区。就全球范围而言，每 2 s 就有一场下击暴流爆发，据统计全年达 1 600 万次。下击暴流产生的强风破坏力惊人，目前所观测到的瞬时风速最大值为 67 m/s。2012 年 4 月 5 日，广东北部出现下击暴流，瞬时最大风速达 45.5 m/s（风力 14 级），造成 10 多万人受灾。2015 年 6 月 1 日，长江湖北监利段发生“东方之星”客轮翻沉特大事故，造成 442 人死亡。根据事发周边陆地区域现场天气、卫星和雷达观测资料分析认为，事发江段和周边区域发生了下击暴流，最强风力超过 12 级，从而导致了强烈大风灾害。

5.1.5 山谷风

由于山谷与其附近空气之间的热力差异，山坡空气与地面距离近，加热（冷却）速率较大；而相同高度谷内空气则距地面较远，加热（冷却）速率较小。这导致白天风从山谷吹向山坡，到夜晚，风从山坡吹向山谷。谷风一般在日出后 2 ~ 3 h 出现，并随着温度的升高风速加大，午后达到最大，然后随着温度降低，风速逐渐减小。日落前 1 ~ 2 h 谷风平息，山风代之而起，这样周而复始。

我国在西部地区建设的交通基础设施逐渐增多，常需要采用大跨度桥梁跨越峡谷。如已建成的大渡河兴康特大桥桥址区，监测到 10 min 平均风速达到 29.6 m/s（11 级大风）。每天凌晨至中午时间段内的风速较小，午后常出现东南方向的大风。大桥桥位处的风速表现出以天为周期的规律性波动，这是由于太阳照射对桥位处东南侧、北侧不规则山体表面辐射增温随时间变化不均匀，致使各个山坡面、山顶、山谷底部出现较大的温度变化和气压梯度。具体表现为上游河谷在 17 时以后阳光仍然可以直射，而此时桥位处已经不能被阳光照射。现场实测表明桥位处同一时刻温度比上游河谷低 3 ~ 5 °C。在该热力温差的驱动下，河谷这种非均匀下垫面在其热力、动力共同作用下导致山谷内形成不稳定的扰动气流，从而形成以天为周期的大风。

山谷风是山区风中的一种，受地形地貌等因素的影响，山区风较平原或海面地区有较大区别，已成为山区大跨度桥梁设计的关键因素之一。

5.2 桥梁工程的风灾实例

对于桥梁风致振动而言，多数振动都是发生在均匀流情况如颤振、涡激共振、斜拉索风雨振等下的。紊流作用下桥梁会发生抖振，这是一种随机振动。以下对几类常见振动分别进行介绍：

美国塔科玛大桥风毁是由颤振导致的。颤振是一种发散性的自激振动（注：自激振动是结构自身运动而产生的力导致其发生的振动），这在桥梁设计中是不允许出现的。

涡激共振是在结构尾涡脱落频率与结构振动频率一致时，发生的一种限幅自激励振动，通常发生风速较低。近年来，大跨度桥梁的涡激共振在国内外时有报道。虽然涡激共振振幅较小，不会造成结构立即破坏，但时常发生会影响结构的耐久性，造成不良的社会影响。

斜拉索风雨激振，顾名思义，是在风和雨激励下的一种斜拉索振动，20 世纪 80 年代在日本名港西大桥中发现，是斜拉索的一种特有振动。它是在风的作用下，雨水在斜拉索表面形成水膜或水线，改变了斜拉索气动外形（即形状）而产生的振荡。

5.2.1 美国塔科马大桥风毁事故

塔科马大桥位于美国西海岸的华盛顿州，史称旧塔科马悬索桥。该桥为两塔三跨连续加劲梁悬索桥，主跨 853 m，宽 11.9 m，梁高只有 2.45 m。该桥的宽跨比为 1/71.6，高跨比为 1/348，是当时最细长的桥梁。旧塔科马悬索桥刚通车运营，就表现出了在风作用下发生强烈振动的倾向。运营初期发生的振动是竖向振动，振幅达 1.5 m，但达到最大振幅后尚可以衰减下来。4 个月后，情况发生了灾难性的转变。随着中跨用于阻止加劲梁与主缆之间相对位移的斜拉索断裂，桥梁出现了以扭转为主的振动。在 18 m/s 的风速作用下，扭转振动越来越激烈，主跨 1/4 断面以±45°的幅度反复翻转。持续了 3 ~ 7 h，最后吊索疲劳断裂，大部分加劲梁坠入河中。幸运的是，这次事故没有人员伤亡，而且当时在现场的一位摄影师，拍下了旧塔科马桥风毁的全过程，给桥梁抗风研究留下了宝贵的资料，如图 5-1 所示。

图 5-1　旧塔科马悬索桥的风致扭转颤振

5.2.2 日本东京湾桥涡振

东京湾通道横跨日本东京湾，全长 11 km，由桥梁与隧道两部分组成，如图 5-2 所示。桥梁部分全长 4 384 m，其中主桥为 10 跨一联的钢箱梁连续梁桥，由 3 号桥墩至 13 号桥墩，全长 1 630 m。跨径最大为 240 m，由 6 号墩至 8 号墩共两跨。桥梁设计为四车道，桥宽 22.9 m。

图 5-2　东京湾通道桥

桥址处的设计风速要求高达 66.7 m/s，于 1994 年 10 月完成了主梁架设任务，次年 2 月观测到了明显的振动现象。当风向与桥轴线接近垂直（±20°偏角以内），风速达到 16 ~ 17 m/s 时，桥面就会发生明显的振动，跨中单边振动峰值达 50 cm（图 5-3）。东京湾通道桥共振的实例说明，并非只有悬索桥和斜拉桥才会发生风致振动。对于大跨度连续钢箱梁桥，当桥梁断面为明显的钝体，梁高又大，钢箱梁本身质量和阻尼相对混凝土梁要轻且小时，就有可能发生明显的共振现象。

图 5-3　振动中的桥梁

5.2.3 俄罗斯伏尔加河桥

伏尔加河大桥位于俄罗斯伏尔加格勒市，横跨伏尔加河，全长 7.1 km，2009 年 10 月建成通车。该桥主桥长 1.25 km，为 10 跨连续钢箱梁结构，最大跨径为 155 m（图 5-4）。

图 5-4 伏尔加河桥效果图

伏尔加河大桥建成后不久，发生了大幅竖向振动，镜头里伏尔加河大桥就像海浪一样不停上下起伏。从大桥振动实况录像中可以看到，整个桥面起伏不断，原本笔直的路面如同海浪一样不停上下起伏，再从侧面看去，桥边一段接着一段，上上下下，摇个不停（图 5-5）。大桥振动停止后，专家检查了桥梁各处道路和围栏等，发现桥梁无裂纹，无损伤。

图 5-5 伏尔加河桥涡激振动

5.2.4 韩国 1004 大桥振动

韩国 1004 大桥，又名天使大桥，于 2019 年 4 月 4 日开通。天使大桥是韩国第一座在同一座桥梁上同时设置斜拉桥和悬索桥的桥梁。该桥全长 7 220 m，是韩国海上桥梁中第四长的桥梁，也是韩国国道最长的桥梁。桥梁开通后在 6 ~ 11 m/s 风速下上下振幅达到 72 cm（允许值 1.4 m）。图 5-6 为该桥发生振动时桥面照片。

图 5-6　韩国 1004 大桥振动

5.2.5　日本名港西（MeikoNishi）大桥

随着斜拉桥跨径的不断增大，斜拉桥的拉索是斜拉桥中最为细长的柔性构件，极易在风中发生振动。20 世纪 80 年代，日本最早发现了拉索的一种特殊振动形式：拉索风雨振。它的特点是在风雨共存的气候条件下才能发生，并且振动的严重程度远远超过了其他形式的拉索振动，成为影响最大的一种斜拉桥病害。斜拉索风雨激振已在国内外多座大跨度斜拉桥中发现，以下简要介绍两座典型桥梁斜拉索风雨激振现象。

20 世纪 80 年代，日本在建造名港西大桥的过程中，发现了比较严重的风雨激振现象。名港西大桥主跨 402 m，斜拉索为并行钢丝索，外包 PE 套管，套管内灌注水泥砂浆起防腐作用。通过对 24 根索长达 5 个月的观测，发现：拉索仅在下雨情况下才出现大的振幅；只有倾斜方向与风向同向的拉索才会发生风雨振动；拉索风雨激振发生在一定风速范围内；拉索风雨激振的振动频率较小，而振幅较大。

5.3　桥梁工程抗风的工程对策

对桥梁采用抗风构件或抗风措施的方法和种类甚多，下面以主梁、桥塔、斜索和吊杆（索）为例进行说明。

5.3.1　主梁气动措施

主梁断面的抗风性能可采用增设气动措施予以改善或提高。比如，坝陵河大桥为主跨 1 088 m 的钢桁梁悬索桥，通过桥面板中央开槽，同时增设气动翼板增加抗风性能，如图 5-7 所示。

图 5-7　坝陵河大桥

矮寨大桥为主跨 1 176 m 的钢桁梁悬索桥。该桥采用了无防护网观光通道方案，选定封闭中央槽口和分离式中央稳定板的措施，其中上稳定板采用不透风的中央防撞栏代替，下稳定板高度取为 1 m，以尽可能减小稳定板造成的不利风阻效应，如图 5-8 所示。

（a）上中央稳定板

（b）下中央稳定板

图 5-8　矮寨大桥设置的中央稳定板

刘家峡大桥跨径组合为 20 m+536 m+20 m，加劲梁采用钢桁加劲梁，双向行车道总宽只有 11 m，加劲梁宽度为 15.6 m。保留了下中央稳定板，取消上中央稳定板，但封闭桥梁两侧部分防撞栏，以起到上中央稳定板的作用，同时加上水平导流板，如图 5-9、图 5-10 所示。

图 5-9　刘家峡大桥（一）

图 5-10　刘家峡大桥（二）

风毁后新建的塔科马海峡大桥采用了开放的桁架和加固的支柱设计并重建，其桥面板采用了开槽格栅的措施让风通过，以提高桥梁气动特性，如图 5-11 所示。

图 5-11　新塔科马桥桥面开槽栅格

美国密歇根州的麦基纳克大桥的主跨约 1 158 m，如图 5-12 所示。该桥路面的宽度比钢桁架的宽度窄很多，半幅桥面就有约 3.05 m 的开放空间。这些侧向的开放空间平衡了桥面板上、下的压力，减小了相应的竖向力，故而有效地增加了桥梁的气动稳定性；桥面有约 7.3 m 采用实心，而路面中间约 7.3 m 则采用开槽栅格，如图 5-13 所示。实心桥面板提供了必要的气动阻尼，而空气流过开槽格栅板时产生的摩擦也提供了一部分气动阻尼。

图 5-12　麦基纳克大桥示意

图 5-13　麦基纳克大桥开槽格栅的应用

5.3.2　桥塔和高墩风致振动控制

桥塔和高墩可通过优化截面外形降低风荷载和风致振动响应，对钢桥塔必要时可增设阻尼装置。以基本断面矩形为例，采用圆形倒角、半圆形断面、方倒角、槽倒角等，都可以降低阻力系数，如图 5-14 所示。东神户大桥的桥塔高达 145.3 m，由于景观上的要求采用 H 形塔架，在横梁以上约 75 m 的高度内为两根独立的塔柱。通过对塔柱基本截面的四角各切去一个正方形，取得了制振效果。

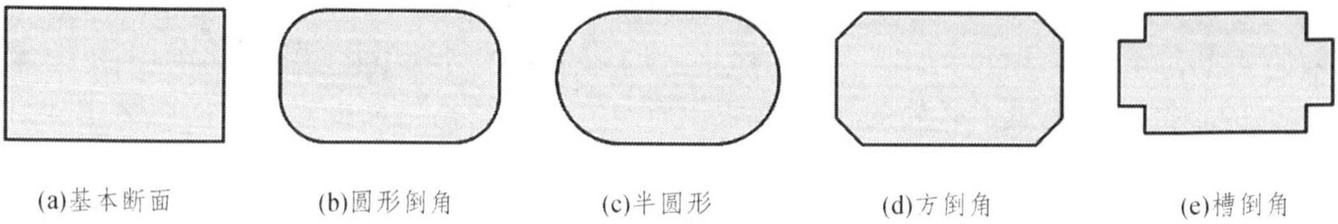

图 5-14　桥塔断面优化

南京长江第三大桥是南京市继南京长江二桥之后又一跨越长江的特大桥梁，其主桥为一双塔双索面斜拉桥，是世界上第一座弧线形钢索塔斜拉桥。该桥桥塔呈倒 Y 形布置，全高 215 m，桥塔上部为平行的双柱式结构（图 5-15）。主梁以上采用钢结构，整个结构质量轻、阻尼小，且整个桥塔较高，对风的作用较为敏感，同样采取了基本截面四角切角的形式。

5.3.3　斜拉索和吊杆（索）的气动措施

拉索风雨激振是由于风作用下雨水在拉索表面形成水膜或水线，改变了拉索气动外形产生振荡，从而诱发拉索产生大幅振动。破坏雨线的形成是控制拉索风雨激振的有效手段。例如，在斜拉索表面设置一些螺旋肋条，破坏雨水沿斜索表面向下流动。对于 H 形吊杆，在腹板中开孔是控制其振动的有效措施之一；对于平行吊杆，可设置横向连接，以减少其振动。如法国诺曼底大桥主跨 856 m，为混合梁，其中 624 m 为钢梁，其他为混凝土梁；边跨全部为混凝土梁。其斜拉索通过连接索将不同斜拉索连接在一起，以控制斜拉索的风雨激振，如图 5-16 所示。

图 5-15　南京长江第三大桥

图 5-16　法国诺曼底大桥

5.3.4 阻尼器

阻尼器是控制风致振动的重要措施之一。其主要类型有：①调谐式阻尼器，如调谐质量阻尼器 TMD、调谐液体阻尼器 TLD、调谐液柱阻尼器 TLCD 等；②非调谐式阻尼器，如黏性剪切性阻尼器和油阻尼器等。阻尼器在控制方法上可分为被动控制、半主动控制、主动控制与混合控制等方式。英国 Kessock 桥在建成以后发生了振幅为 110 mm 的竖向涡激振动，最后在主跨内安装了 8 个 TMD 来控制该桥的涡激共振。

日本东京湾大桥，设计了 16 台可调质量阻尼器（TMD），每台重达 100t。阻尼器安装在箱梁内部，对交通没有任何影响。阻尼器安装后，风致振动的振幅只有 5 cm。对于斜拉索，可以采用内置阻尼和外置阻尼两种方式减振。内置阻尼是在拉索与主梁或索塔锚固端钢套筒之间的环形空间放置阻尼材料，外置阻尼则是在主梁或主塔上安装阻尼装置。常用的附加阻尼器措施包括黏滞性阻尼器、橡胶阻尼器、MR 磁流变阻尼器、摩擦型阻尼器、剪切型阻尼器等。在实际工程中，斜拉索风雨激振的控制常采用多种措施进行控制。

5.4 风灾防治和预警

风致行车安全事故在世界范围内屡见不鲜（图 5-17）。如：2013 年 7 月，美国密歇根州 Mackinac 桥上，一辆大货车被大风掀翻；2017 年 2 月，美国怀俄明州埃尔克芒廷市 I-80 公路上，一辆正在行驶的沃尔沃卡车被大风吹翻后直接砸向路边车辆。在我国，类似的事故也不少见。2013 年，江西英雄大桥上一空载集装箱货车遭遇大风并发生侧翻，大桥的正常运营受到严重影响。2016 年 9 月，受强台风“鲇鱼”影响，在福州市青州大桥上，有一辆集装箱货车直接被大风吹翻在桥面上，货车司机被困在车内。2018 年 8 月，在杭州湾跨海大桥上，由于强台风“云雀”的作用，一辆集装箱卡车的集装箱被吹倒在桥面上。

（a）密歇根州 Mackinac 桥　（b）怀俄明州埃尔克芒廷市 I-80 公路

（c）青州大桥

（d）杭州湾大桥

图 5-17 风致行车事故

汽车因风致倾覆事故的社会影响相对较小，而铁路则非常大。但不论铁路还是公路，在建设和运营过程中均应高度重视风的影响。对于行车抗风对策，主要有三种：一是在线路或桥梁两侧设置风屏障，为交通车辆创造一个相对低风速的局部环境，提高行车能力，这是目前最有效的措施，但在大跨度桥梁上安装风屏障时，可能恶化桥梁的抗风性能，需进行相关研究。二是优化车辆外形，以减少横风荷载，但对已有的车辆是不适用的。三是建立大风预警系统，进行监测和预报，提前一段时间进行大风预报，采取降速、停运、躲避等措施减少风灾损失。

在实际工程中，对于大风区交通，会在线路一侧或两侧安装风屏障，并建立大风预警系统。受篇幅限制，本书仅对大风预警系统进行简要介绍。在国外，以日本和德国为代表的铁路运输发达国家相继建立了铁路大风安全行车预警系统。日本铁路公司（JR East）开发了大风行车预警系统“WINDA”系统。德国铁路公司（Deutsche Bahn AG）开发了强风预警系统（Nowcasting）来保护高速行驶的列车免受强侧风的影响。法国的 TGV 高速铁路及英国、瑞典和西班牙等国均安装了风速监测报警系统。我国兰新铁路是风灾严重的地区之一，其穿越了百里风区、三十里风区和阿拉山口风区等多个风口，风力强劲且发生频繁，时常造成行车中断甚至多次引发列车脱线和吹翻列车的重大事故，给铁路运输造成了巨大的安全隐患。为了保障兰新铁路运输的安全，给予大风期间行车提供科学的指导信息，兰新铁路建立了大风监测预警系统。

西南交通大学科研团队自主研发了适应于复杂山区桥梁的大风行车安全预警系统 WINDINGS（Wind Warning System），系统概览如图 5-18 所示。该系统主要的工作原理概括为：首先在桥上设置若干个风速仪器，获取风速数据，然后通过专用电缆将采集到的数据传送给数据中心的数据库，接着预警系统中心服务器调用原始数据，进行风速预测；其次以预先定义的车辆行车准则计算预测风速下车辆的合理行驶速度，一旦识别到车辆应限速，则立即向管理部门发送险情通知，并指示做出相应的交通管制；与此同时，用户可以通过客户端实时访问服务器，获取当前的限速规则和历史信息等重要信息。该行车安全预警系统融合了 C/S（Client/Server）模式和 B/S（Browser/Server）模式，主要由现场数据采集站、预警系统中心服务器、客户端等软、硬件构成。现场数据采集站负责桥上数据的采集和传输，预警系统中心服务器是系统的大脑中枢，将完成包括数据获取、风速预测、路面状态识别、车辆限速规则制定及车辆预警等在内的所有核心内容，客户端则用于实时接收并查询风速等级、行车意见、天气状况和历史数据等一系列信息。

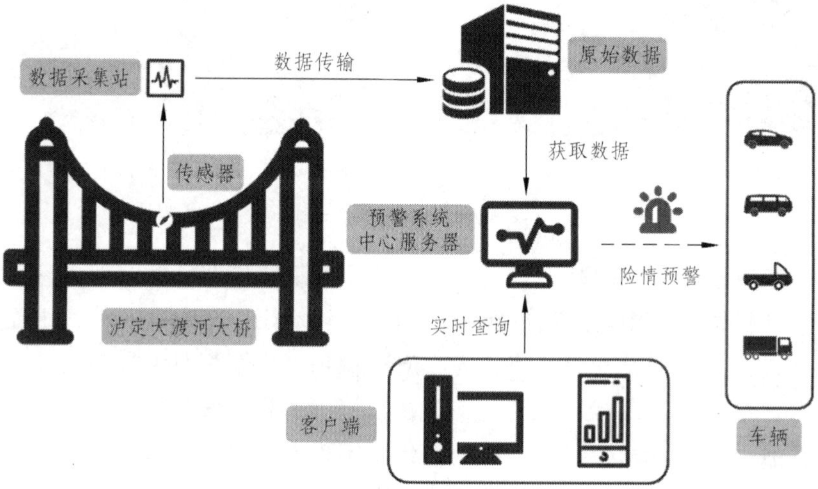

图 5-18　预警系统 WINDINGS 概览

第6章

交通基础设施火灾及其防治

6.1 交通基础设施火灾成因

火灾是指在时间或空间上失去控制的灾害性燃烧现象。在各种灾害中，火灾是最经常、最普遍的威胁公众安全和社会发展的主要灾害之一。对于交通基础设施中的桥梁结构来说，由于目前国内混凝土桥梁占比较大，在火灾高温下，桥梁混凝土结构的承载性能是急剧降低的，极大程度地影响了桥梁结构的安全使用。如，在火灾初期热作用下，混凝土表现出表层块状脱落，该脱落具有爆炸性特点，会迅速减少混凝土结构截面尺寸，改变混凝土结构的受力状况。同时，过火时间较长，过火温度过高，混凝土内部的钢筋性能也会发生显著变化，钢筋变成软条一样无法发挥作用，造成混凝土桥梁的垮塌。

此外，交通基础设施中遭受火灾威胁更大的，是铁路、公路隧道。列车一旦在隧道内发生火灾，所造成的损害远远大于地面建筑，其不但会造成人员伤亡、物资被烧毁，而且还会破坏隧道设施和管道结构，长时间中断线路输送工作。自 1976 年 10 月以来国内发生了 6 次隧道列车重大火灾事故，累计中断行车时间 2 500 h，人员伤亡超过 300 人（死亡 115 人），直接经济损失超过 3 000 万元，间接经济损失无法估计。车辆、线路与电气设备是隧道火灾的主要危险源，从英国消防研究中心的统计资料来看，隧道火灾大约每行车 1 000 万千米平均发生 0.5 ~ 1.5 次，其中 1%是罐车火灾，平均每座隧道 18 年左右发生一次罐车火灾事故，包括油罐车、可燃物罐车和有毒化学品罐车。同时，随着行车密度的增长，特别是公路隧道，带有各种可燃物质（油、化工原料等）的车辆通过隧道的数量和频率都在增长，因此火灾事故也就增多了。此外，行车速度的提高以及隧道内线路质量的下降，隧道内电气设备增多，以及人为破坏的增多（如纵火、抽烟、恐怖主义等），都使得隧道火灾事故呈逐年上升的趋势。

地下建筑物由于位置的特殊和空间的局限，其封闭环境造成疏散困难、救援困难、排烟困难和从外部灭火困难，使隧道火灾和地面火灾的特征明显不同。

（1）火灾时产生的大量有毒有害烟雾，不仅会降低隧道内的能见度，影响人员和车辆的逃生以及救援工作的开展；同时也是造成人员伤亡的主要原因。

（2）火灾时产生的高温，不仅会降低隧道混凝土的材料性能，造成隧道衬砌的巨大破坏，致使承载力降低或完全丧失；同时也会破坏隧道的防水体系，造成隧道不同程度的渗漏水。

（3）破坏隧道内的电气设备、元器件及线路，导致动力、照明用电失供，通信、通风及给排水设备无法运转，致使救援难度增大。

（4）火灾时产生的火风压会极大地影响整个通风系统正常运转，导致隧道内正常的通风系统发生紊乱，致使灾害扩大。

表 6-1 列出了国内外部分公路、铁路、地铁火灾实例。

表 6-1　国内外部分公路、铁路、地铁火灾实例

编号	隧道名称	国家	时间	灾害
1	圣地亚哥-德孔波斯特拉	西班牙	2013	列车从西班牙首都马德里开往北部城市费罗尔在途经圣地亚哥附近时发生脱轨
2	乌鞘岭铁路隧道左线	中国	2007	牵引列车的电力机车突然起火
3	西延线蔺家川铁路隧道	中国	2003	货物列车火灾死亡 8 人，伤 10 人，中断正线行车 579 h，直接经济损失 561.42 万元
4	Tunnel on line Genova Nervi-Pisa	意大利	2002	在隧道中，由于能源供应系统故障，引发 538 型机车车头起火，火灾被车载灭火系统控制在一定范围内
5	Tunnel on line Nodo di Napoli	意大利	2002	未知的纵火犯纵火，使用纸张点燃了斩波器柜
6	基茨施坦霍恩山铁路隧道	奥地利	2000	一列正在隧道内行驶的列车旅客违规吸烟车发生火灾，155 人死亡，18 人受伤，隧道的安全标准过低是导致这场悲剧的重要原因
7	Tunnel Profile	意大利	1999	火车上故意纵火，人员伤亡：1 100 名乘客中 4 人死亡，9 人受伤
8	St. Gotthard 隧道	瑞士	1994	1 货车+挂车；无人员伤亡、50 m 范围内的天花板、路面和设备严重损坏，隧道封闭 2.5 d
9	蔺家川铁路隧道	中国	1993	18 辆编组油槽车，其中 8 辆起火，中断行车 579.3 h
10	东京三田线冲日站至白山站间	日本	1992	电车底部设备脱落，引发车站变电所的高速度遮断器运作，使列车紧急停车，电车受损，无死伤，乘客自行步行走出隧道避难

续表

编号	隧道名称	国家	时间	灾害
11	大瑶山铁路隧道	中国	1991	旅客抽烟引起火灾，死 12 人，伤 20 人（旅客跳车受伤）
12	重庆梨子园铁路隧道	中国	1990	油槽列车中部爆炸起火，人员伤亡 18 人，其中直接死亡 2 人，轻伤 5 人，损坏 30 节车辆，烧毁 590 t 汽油和几百吨大蒜
13	Brenner 隧道	瑞士	1989	2 人死亡，9 人受伤
14	关西近铁生驹山隧道	日本	1988	供电电缆起火，电车停止在隧道内烧毁电缆等设备，死亡 1 人，伤患 57 人
15	Gare de Lyon，Paris	法国	1988	制动失灵，和常备火车撞击，59 人死亡，32 人受伤
16	陇海线十里山 2 号铁路隧道	中国	1987	钢轨断裂引起油槽列车颠覆，报废 23 节车辆，烧毁汽油 1 000 多吨，3 人死亡，隧道裂损 179 m，损坏线路 763 m
17	San Benedetto Tunnel	意大利	1984	炸弹袭击；人员伤亡：17 人死亡，120 人受伤；这场爆炸总共摧毁了两节车厢，但是没有引发大火
18	Shitzuok 铁路隧道	日本	1979	大火持续了 159 h，隧道严重损坏 1 100 m
19	昆哥斯拉奇铁路隧道	西班牙	1978	13 辆编组的油槽车因接触网故障，造成洞内停车，推车引起车辆被烧坏，死亡 7 人
20	Saint Julien	法国	1977	碰撞，1 人死亡
21	北路铁路隧道	日本	1972	15 辆编组列车在隧道中运行至 5.3 km 处因电气取暖器漏电，死 30 人，伤 714 人
22	克洛次路隧道	法国	1971	一列货物列车与一列油罐列车在进入克洛次隧道北口附近时相撞发生碰撞起火
23	18 号铁路隧道	日本	1965	三辆编组的快车，在制动过程中，回路断路器发生故障，全部车辆被烧毁，死 1 人，伤 42 人
24	石北铁路隧道	日本	1961	三辆编组的列车，最后一辆车的底盘电机失火
25	生驹山铁路隧道	日本	1947	三辆编组的电车，由于最前面车辆的电阻器失火而燃烧，全部车辆被烧毁，死 28 人，伤 64 人
26	Batignolles 隧道	法国	1921	由于后来的火车接到错误的指令驶进隧道，与前面的火车发生追尾，28 人死亡

概括地来说，铁路隧道火灾一般可分为危险货物列车火灾、普通货物列车火灾、旅客列车火灾和隧道设备火灾四种。其中，危险货物列车火灾主要指运输腐蚀性溶液、油品的罐装车所引起的火灾，这种火灾破坏性大、火势发展迅速和扑救困难，而且危

险品起火后容易发生爆炸，加剧了其危险性。普通货物列车起火的主要原因是货物装载不符合规定、易燃货物的封装不达标、押车人员用火、外来火种引发、牵引电网打火等。旅客列车火灾发生往往造成重大人员伤亡，造成更加严重的社会影响。隧道设备火灾主要是因为电气设备老化或短路起火、隧道内垃圾清理不彻底、有外来火种引起火灾、列车在隧道内颠覆并引燃其他设备起火等。

在铁路隧道中，旅客列车发生火灾次数比货运列车多，且旅客列车火灾引起的影响更大。引起列车火灾的主要原因可以分为：

（1）电气线路故障。此类原因引起的列车火灾事故约占统计事故的 38%。

（2）操作失误、机械故障。此类因素导致的列车火灾约占统计事故的 22%。

（3）人为纵火。因为人为纵火而引起的列车火灾事故约占统计事故的 9%。

（4）车上人员无意识行为引发火灾。因列车上人员无意识行为如吸烟、电路使用不当、明火等因素导致的列车火灾共约占 11%。

（5）其他因素如车厢内座位起火、摩擦起火、钢轨断裂等引起的列车火灾约占统计事故的 13%。

（6）不明因素。由于统计资料残缺，有些列车火灾事故未能探究原因，此类事故约占 7%。

铁路隧道火灾成因所占百分比如图 6-1 所示。

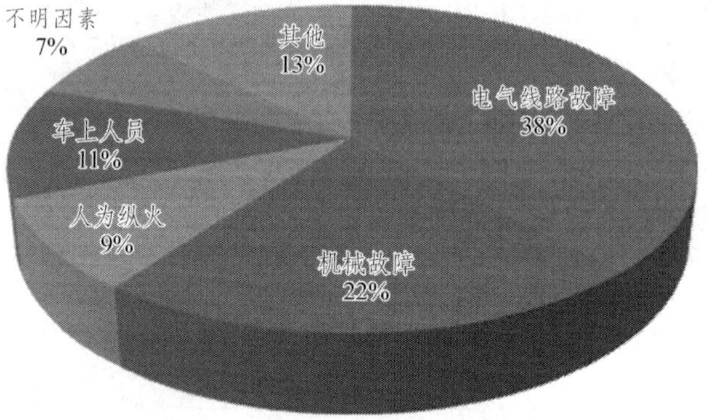

图 6-1　铁路隧道火灾成因所占百分比

铁路隧道火灾的特性一般具有以下几点：

（1）燃烧速度快、温度高，隧道的狭长形管状结构既防止了热量的散失又具有风道效应，火灾发生时隧道内的温度骤然上升，最高可达 1 000 °C，火势迅速蔓延。

（2）产出大量的烟雾和有害气体，充斥在狭小的隧道空间内，使大量的烟雾和有害气体无法排除。

（3）火灾造成通信中断，阻隔隧道内与外界的信息传递，失去灭火和抢救时机。

（4）损失严重。

6.2 隧道工程防火通风

控制和防范隧道火灾的有效措施，是为特定隧道选择适当的通风系统。隧道内的通风系统必须能够在正常运行情况下提供符合质量要求的空气。一旦发生火灾，机械通风装置要能够确保处于火灾威胁下的人员生命财产安全，以便开展消防战斗与应急救援。同时，通风系统必须能够防止在发生火灾期间形成爆炸性混合物。尽管在火灾现场不可能发生爆炸性混合物，但是在远离火场的地方，未充分燃烧的灼热废气可能发生爆炸。

目前，国内外关于长大公路隧道的通风方式主要分为全横向、半横向、纵向式三种，各有利弊。全横向和半横向通风方式主要适用于单洞双向行车隧道，隧道内行车环境较好、防排烟效果好，但建设的土建费用和运营费用高、管理技术复杂，适用范围有局限，隧道每间隔一定长度（1 500 m 左右）需要设置通风井或类似的外部风道向隧道内部送入新风和排出受污染风。

6.2.1 纵向通风系统

纵向通风系统是公路隧道通风的一种简单、经济的方法，在某些国家，纵向通风系统是唯一切实可行的通风方法。纵向通风系统能够在整个隧道纵向形成均匀的气流。

在此类系统中，空气从隧道入口处进入隧道，实际上进入隧道的空气很清洁，随后，逐渐受到车辆所排放废气的污染，当空气到达隧道出口时就已经受到了很严重的污染。此类系统安装成本相对廉价、简单，特别适合于单向行驶隧道，这是由于在单向行驶隧道中，“活塞效应”能够促进空气的流动。对于双向行驶隧道，根据其长度，通风系统的机械动力要求也随之有所提高。此类通风装置安装作业的最经济原则就是将风机集中安装在隧道入口处。

6.2.2 全横向通风系统

在全横向通风系统中，总计一条或者一条以上的送风管道需要与交通流线路并行铺设。该系统通过分布在隧道沿线的送风孔提供新鲜空气，利用一条或者多条回风管从隧道另一侧排除废气。在该系统中，每米隧道所排出的空气与所供应的空气相同。开挖式隧道不配备管道，而是通过外面安装的小型风机将新鲜空气直接注入隧道中，同时通过同样的方式将废气直接排放到隧道外面。这两种气流（注入的新鲜空气与排出的废气）将在隧道中形成一股方向与隧道纵轴横向交叉的气流。

通常，通过风管送排风所需的风量巨大，隧道越长越是如此，需要庞大且昂贵的通风管道系统。在满负荷运转时，通风管道中的气流速度通常为 15 ~ 25 m/s。在发生火灾的情况下，排烟管道将被开启至满负荷工作状态，同时还需控制火源附近的通风部分，所采取的控制方式要能够确保火场中的纵向气流速度能够以适当的方式排出高温烟气，如图 6-2 所示。

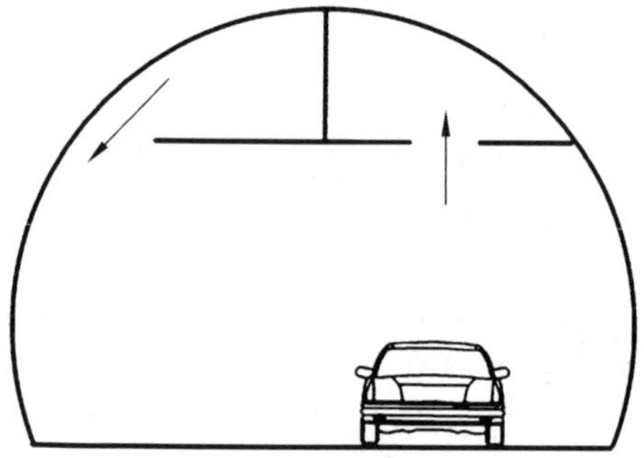

（a）正常运行模式

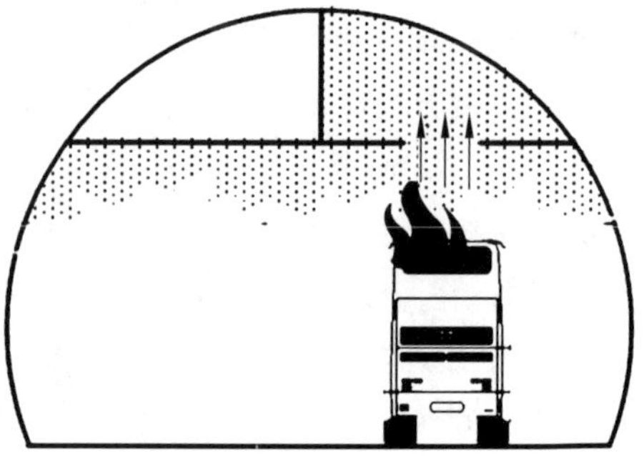

（b）火灾运行模式

图 6-2　横向通风系统示例

6.2.3　半横向通风系统

在半横向通风系统中，外界的新鲜空气将通过沿着隧道设置的送风管均匀送入隧道，但是该系统不设置回风管。送风气流方向与隧道纵轴交叉，废气沿隧道纵向从隧道两端排出。可逆的半横向通风系统可以将送风管中的气流方向逆转，变成排风，新鲜空气随后从隧道两端进入隧道。这种方式将沿隧道形成纵向气流，该气流从隧道两端或者附近仍处于送风状态的通风孔进入隧道。通常，当隧道发生火灾时就会采用这种运行模式。另外一种火灾运行模式是设置独立的排烟管，该管道仅在发生火灾的情况下方可使用。

亚洲以日本为代表，基本采用纵向式通风。日本东京湾海底公路隧道（长约 9.1 km），为目前世界最长海底公路隧道，双向 6 车道，全隧道采用竖井分段的纵向通风方案。关越隧道（长约 11 km）、新天王山隧道（长约 6.3 km）等均采用了通风井分段纵向式通风方式。

欧洲以奥地利、意大利和瑞士为代表，多采用半横向、全横向通风方式。例如：连接意大利和瑞士之间的圣哥达隧道（长约 16.9 km），连接意大利和法国之间的勃朗峰隧道（长约 11.6 km）、弗雷瑞斯隧道（长约 12.9 km）均采用全横向式通风；奥地利的普拉布什隧道东线（长约 9.9 km）、西线（约 10.1 km）采用了全横向式通风；奥地利的阿尔贝格隧道（长约 13.97 km）、普拉布奇隧道（长约 9.6 km）等也采用了全横向式通风。

近 20 年来，我国公路隧道建设发展迅猛，但主要建成的是双洞单向交通的高速公路隧道，因此主要采用纵向式通风方式。国内首次采用全射流纵向式通风的隧道为 1989 年建成的七道梁隧道（长约 1560 m）；国内首次将纵向式通风方式应用于长度超过 3 km

的公路隧道为 1995 年建成的成渝高速公路上的中梁山隧道（长约 3.1 km），其上坡隧道采用竖井分段纵向式通风方式，下坡隧道采用全射流纵向式通风方式。随后，铁坪山隧道（长约 2 800 m）、梧桐山隧道右线（长约 2 270 m）、大溪岭—湖雾岭隧道（长约 4 160 m）、华蓥山隧道（长约 4 706 m）、二郎山隧道（长约 4 610 m）、方斗山隧道（长约 7 600 m）、白云隧道（长约 7 098 m）、龙潭隧道（长 8 620 m）等，均采用了纵向式通风方式。

6.3 隧道火灾实例

勃朗峰隧道是连接法国和意大利的公路隧道，长度约为 11.6 km，位于法、意边境，在阿尔卑斯山最高峰——勃朗峰下。由于勃朗峰隧道的存在，之前需要 7 h 的路程现在只需 15 min，因此大量货车从此隧道通行，每天车辆总计通行量达 5 000 辆。

1999 年 3 月 24 日，一辆满载面粉和黄油的卡车在隧道中部失火并引燃前后车辆，火灾持续燃烧了 53 h，38 人死亡，同时也使得隧道衬砌产生严重破坏，造成了巨大的人员财产损失，称之为勃朗峰隧道火灾，如图 6-3、图 6-4 所示。

图 6-3　火灾后货车残骸

图 6-4　火灾后隧道衬砌混凝土爆裂

以下就火灾原因、火灾发展过程及其探测、人员反应、通风排烟系统以及疏散设施配置等方面进行分析。

6.3.1 火灾原因

火灾后调查人员对火灾原因进行了研究，认为可能是过往车辆随意扔下的烟蒂进入了卡车车厢顶部的空气过滤器造成的。烟蒂沿着空气过滤器滑落下来，随后导致引擎起火，货车也就开始燃烧。在货车行驶过程中由于快速流动的空气遏制了火势，但当货车减速或停车时，其周围氧气含量大幅度增加，导致了大火的迅速蔓延。

此外，调查人员还发现货车的冷藏车厢内装有 9 t 人造黄油和 12 t 面粉，人造黄油的包装和冷藏车厢内衬都使用了聚苯乙烯材料。实验结果表明，它们混在一起具有极强的可燃性。特别是人造黄油在融化之后，会变成一种油状液体，进而会迅速燃烧，释放出大量热量，通过计算得知这些人造黄油和面粉燃烧后居然能够产生 3 万升汽油燃烧的破坏力。

同时在货车后方 800 m 范围内还有 14 辆被困的货车，而这些车辆被引燃后所释放的总能量相当于点燃了 5～7 辆满载汽油的油罐车，将造成火灾的规模急剧增大，对隧道内的防灾救援设备设施及其自身结构产生了严重影响。

6.3.2 火灾发展过程及火灾探测

火灾车辆在当天 10 时 47 分以 60 km/h 的车速进入隧道，2 min 后货车的后面冒出了浓浓白烟，随后烟越来越浓。隧道内一共装有 9 个传感器，其能将能见度信息传输到隧道两端的控制室，当能见度下降 30%的时候，传感器将发出警告。10 时 52 分，此时烟雾已经很浓了，浓烟触发了隧道里的传感器。10 时 53 分，司机将货车停下进行灭火，但火势已经较大，随后车辆发生了爆炸。10 时 54 分，货车燃烧了 1 min 后，有人发现了浓烟并在距离货车 300 m 处的 22 号防火间拨通了急救电话。意大利控制室接到了报警电话，并从监视器上看到了浓烟，但无法看到货车，同时关闭了隧道两端的入口。10 时 56 分，浓烟向法国方向扩散而去，被困的人们根本看不见周围的情况，而浓烟向意大利方向扩散的速度却很缓慢。意大利的操作员看到逃离的车辆后，开始向隧道鼓入空气。10 时 57 分时，大火已经持续了 4 min，聚集在法国一侧的浓烟此时已经吞没了近 500 m 的道路。10 时 58 分，火灾现场的浓烟遮住了一切，闭路摄像机上模糊一片。11 时整，火灾仍在蔓延，同时隧道里接连发生了 6 次爆炸（图 6-5）。11 时 30 分时，也就是货车起火 37 min 之后，致命的浓烟已经蔓延到了 6 km 以外的地方，最后在法国隧道的出口处涌出（图 6-6）。此次火灾持续燃烧了 53 h。

图 6-5　货车周围的大范围爆炸

图 6-6　浓烟从法国方向隧道口涌出

在火灾发生的前 7 min 里，传感器的数据表明，浓烟朝 25 辆堵塞的汽车蔓延了

800 m。浓烟蔓延的速度为 4.5 m/s，也即 16 km/h，能见度瞬间下降到 0.5 m。人们一般认为待在车上比较安全，浓烟可能没什么大不了的，火势很快就会得到控制。火灾 4 min 后，在滚滚的浓烟中，有 4 辆汽车曾经尝试过转向，但汽车引擎需要有足够的氧气才能发动，而大火已经把氧气消耗殆尽了，同时隧道内的 CO 等有毒气体浓度也在急速增加。此时即使弃车逃生在到达安全地带之前也会因为吸入过量有毒气体和烟尘而丧生，因此被困车辆内的 38 人全部死亡。

6.3.3 通风排烟系统

在火灾发生后，车辆燃烧产生的浓烟向法国方向蔓延，这是自然风的缘故，当天风向是从意大利吹向法国方向。因此，随着气流流向，浓烟则朝着法国方向蔓延。此外意大利的隧道操作员曾利用通风系统对气流造成了极大的影响。通过隧道下方的通风管道，操作员能够利用隧道两端机房里的轴流风机或射流风机来供应或排出空气。实际上，意大利隧道出口处的操作员不但没有排出烟气，反而还向隧道中供应了新鲜的空气，这就使得浓烟迅速向法国方向蔓延。

6.3.4 疏散设施配置

勃朗峰隧道设有两间独立的控制室，可随时保持对隧道的路况进行监控。其中一间建在了意大利一侧，另一间建在了法国一侧。同时，隧道共设有 18 处防火间，每 600 m 一处，内部还装有 77 部紧急电话以及 40 台闭路摄像头，在法国入口处有一支专业抢险救援队，在意大利入口处有一支志愿救援队。

但在火灾时，摄像机很快就因温度过高报废了，消防救援队员无法知道被困者的情况，且手中的其他信息也有限，因此在救援过程中忽视了遇难的 38 人。同时，急救电话只能断断续续地工作，探测烟雾的传感器数量不足，有一只在火灾前一天就关闭了。而且法国救援队和意大利救援队没有交流，协调不足，甚至连消防员都被困。

6.3.5 灾后勃朗峰隧道处理措施

火灾后，勃朗峰隧道内安装了新的安全设施，耗资约 3 亿欧元，主要包括以下部分：

（1）设置了 37 个紧急庇护所，将庇护所的数目扩大到事故发生前的两倍。每个紧急庇护所可容纳 50 人。庇护所与隧道之间设有两道可在 1200 °C 的高温环境下工作两个小时的隔离门。庇护所内安装与控制中心相联的可视电话，连接防火间的台阶可以通向公路下方的疏散通道。

（2）每隔 100 m 安装排烟管道，共计 116 个，所有的排烟管道都是单独的通风井。

每隔 300 m 设置临时停车带。

（3）隧道两端入口处安装了精密的热传感器，货车进入隧道前必须接受扫描，以免出现危险。

（4）隧道中部的紧急求援中心有人常年驻守，其消防车的热寻系统能在零能见度的情况下找到人的方位。消防车两端都设计有驾驶室，以便它无须调头就可以在隧道内朝两个方向行驶。

6.4 桥梁结构火灾实例及工程对策

建筑火灾是发生次数多、破坏性大的灾害。作为建筑结构中特殊结构的桥梁，基础建设耗费巨大，尽管部分桥梁进行了防火处理，但国内外桥梁失火现象也较为常见（表 6-2）。

表 6-2 国内外桥梁火灾事件

时间	地点	起火原因	火灾后果
2014	郑少高速郑州至新密段桥梁	汽油罐车着火	桥梁 60 m^2 范围严重受损
2011	陕西榆林过境线草沟大桥	油罐车与拉煤车追尾，致使油罐车内的汽油泄漏而起火	油火蔓延导致 9 辆大车被引燃、5 人受轻伤。桥面被烧黑，人行道上发生局部爆裂突起，多处橡胶支座被烧毁，梁体出现裂缝，其中的一片桥梁出现炸裂性损坏
2011	金丽温高速青田往温州方向剑石隧道出口	一辆重型半挂车后轮发生爆胎，引起装载的轮胎橡胶添加剂发生燃烧	桥面沥青路面被烧焦，且变形严重，部分主梁及桥墩立柱表层混凝土脱落，导致大片钢筋网和预应力束外露
2010	K184+100 沈海高速过坑高架桥	桥下一辆油罐车发生侧翻起火	汽油从油罐车罐口处流出，大火吞噬了高架桥体
2010	天津金钟河大街高架桥	桥下垃圾收购站内的纸板、塑料等物品燃烧	混凝土箱梁翼板、腹板及底板混凝土爆裂脱落，导致钢筋外露
2008	南京长江大桥南引桥	桥洞下摊位起火	桥梁顶部被烧坏，部分混凝土被烧焦脱落，桥面出现 10 m 长、1 cm 宽的裂缝
2008	焦晋高速公路行空大桥	一辆运输液态焦化苯的罐车发生爆炸	桥面铺装及护栏均有不同程度的损伤，部分支座损坏失效，T 梁腹板马蹄表面混凝土发生破损

续表

时间	地点	起火原因	火灾后果
2008	宁夏银川境内京藏高速公路	一辆载有化学制剂的货车发生起火，导致化学制剂产生化学反应	造成交通拥堵瘫痪，桥面系损坏
2007	琴桥西引桥	有人在第二孔桥洞内烧火，引燃了桥洞内堆放的大量易燃物	导致桥洞混凝土梁板发生炭化，引起大面积混凝土剥落导致露筋，产生裂缝、预应力下降，桥梁损坏严重，降低了桥梁的寿命
2007	龙丽高速公路一座涵洞	涵洞内堆放的干柴发生燃烧	导致交通中断 15 h，13 块梁板被烧坏，造成至少 20 万元以上的经济损失
2007	广东虎门大桥东行 13.8 km 处	4 车连环相撞，油罐车发生爆炸	桥面损坏，栏杆被烧成波浪形，交通中断 10 h，大桥损伤严重，火灾造成 6 死 1 伤
2006	京石高速公路 K175+132 中桥	桥下被交路南侧河道内通行的一大型货车着火	导致该桥结构严重破坏
2005	322 国道宾阳至南宁段 K725+630 公路桥	桥底堆放的大量干柴燃烧	桥面出现一道横斜裂缝，拱底部混凝土发生露筋，混凝土脱落，裂缝不断增大，桥墩混凝土出现剥离现象
2014.2	开罗东北部 Shaikh Mansour Bridge 桥	桥下贫民窟起火	导致桥梁垮塌，造成 1 死以上及重大经济损失
2007.4	加利福尼亚州奥克兰麦克阿瑟梅兹州际立交	油罐车侧翻引发大火	大火和高温造成一段高速公路桥垮塌，损失严重
2005.10	纽约连接曼哈顿岛和皇后区的桥梁	上部结构脚手架覆盖着的防水油布起火	大火中断了大桥上下两层的全部交通
2004.3	康涅狄格州布里奇波特 I-95 霍华德街跨线桥	追尾事故致油罐车撞击护栏泄漏起火	大火烧至 1 800～2 000 °C，使得钢主梁软化，桥梁倒塌

桥梁火灾的发生概率较小，具有随机性、不确定性，但往往由于其不确定性，容易造成桥梁火灾安全隐患。引起桥梁火灾事故的主要原因是桥梁在运营期间疏于管理，人为因素、偶然因素占主要比例，具体表现为：疏于对桥梁的管理，桥梁结构表面存在大量的可燃物；桥梁运营中桥面车辆的偶然爆炸或者撞击事故引发的火灾；施工期间疏忽管理造成的火灾事故（如焊接过程中落下的火花遇到易燃物、电线短路等）等。

桥梁火灾也是一门火灾风险学科，往往作为一项风险进行事前控制、事中控制、事后控制，部分桥梁通过建立防火监控体系，有效地避免了火灾的发生及蔓延。

目前，关于桥梁防火的技术措施也较多，在桥梁结构表面涂刷防火涂层是主要的方法之一，主要原因是该技术方法简单、快捷，并且具有一定的效果。在混凝土表面涂刷防火涂料，阻止了热量朝混凝土内部传递的力度，从而提高了混凝土构件的防火性能。但涂刷防火涂料也是具有局限性的，要依据桥梁的施工环境及运营环境进行多方面的选择考虑。

参考文献

[1] 中共中央宣传部. 伟大的变革——庆祝改革开放 40 周年大型展览[Z]. 北京，2018.
[2] 赵国堂. 中国高铁"走出去"助力——"一带一路"建设[Z]. 北京，2017.
[3] 范立础. 桥梁工程上册[M]. 北京：人民交通出版社，2001：17-62.
[4] 范立础. 桥梁抗震[M]. 上海：同济大学出版社，1997：4-22.
[5] 李亚东. 桥梁工程概论[M]. 3 版. 成都：西南交通大学出版社，2014：250-258.
[6] 叶爱君，管仲国. 桥梁抗震[M]. 3 版. 北京：人民交通出版社，2017：16-37.
[7] 李乔，赵世春. 汶川大地震工程震害分析[M]. 成都：西南交通大学出版社，2008：129-195.
[8] 陈乐生. 汶川地震公路震害调查：桥梁[M]. 北京：人民交通出版社，2012.
[9] 范立础，李建中. 汶川桥梁震害分析与抗震设计对策[J]. 公路，2009（5）：122-128.
[10] 杜修力，韩强，李忠献，等. 5・12 汶川地震中山区公路桥梁震害及启示[J]. 北京工业大学学报，2008，34（12）：1270-1279.
[11] 李鸿晶，陆鸣，温增平，等. 汶川地震桥梁震害的特征[J]. 南京工业大学学报（自然科学版），2009，31（1）：24-29.
[12] 庄卫林，刘振宇，蒋劲松. 汶川大地震公路桥梁震害分析及对策[J]. 岩石力学与工程学报，2009，28（7）：1377-1387.
[13] 蒋劲松，庄卫林，刘振宇. 汶川地震百花大桥震害调查分析[J]. 桥梁建设，2008（6）：41-44/52.
[14] 王克海，韦韩，李茜，等. 中小跨径公路桥梁抗震设计理念[J]. 土木工程学报，2012，45（9）：115-121.
[15] 徐锡伟. 5・12 汶川 8.0 级地震地表破裂图集[M]. 北京：地震出版社，2009.
[16] 王明年. 高地震区地下结构减震技术原理研究[D]. 成都：西南交通大学，1999.
[17] 王明年，林国进，于丽等. 隧道抗震与减震[M]. 北京：科学出版社，2012.
[18] 崔光耀. 隧道洞口浅埋段和断裂粘滑段抗震设计计算方法及试验研究[D]. 成都：西南交通大学，2012.
[19] 张维庆. 穿越断层隧道震害机理以及抗减震技术研究[D]. 成都：西南交通大学，2012.
[20] 张丹. 浅埋隧道衬砌结构抗震计算方法分析[D]. 成都：西南交通大学，2012.
[21] 王维嘉. 公路隧道洞口段震害机理及抗减震措施研究[D]. 成都：西南交通大学，2012.

[22] 王恭先，徐峻岭，刘光代，等. 滑坡学与滑坡防治技术[M]. 北京：中国铁道出版社，2007.
[23] 刘传正. 区域滑坡泥石流灾害预警理论与方法研究[J]. 水文地质工程地质，2004（3）：1-6.
[24] 唐亚明，张茂省，薛强，等. 滑坡监测预警国内外研究现状及评述[J]. 地质论评，2012，58（3）：533-541.
[25] 许强. 四川省 8·13 特大泥石流灾害特点、成因与启示[J]. 工程地质学报，2010（5）：596-608.
[26] 周必凡，李德基，罗德富，等. 泥石流防治指南[M]. 北京：科学出版社，1991.
[27] 陈洪凯，唐红梅，马永泰，等. 公路泥石流研究及治理[M]. 北京：人民交通出版社，2004.
[28] 中国科学院成都山地灾害与环境研究所. 泥石流研究与防治[M]. 成都：四川科技出版社，1989.
[29] 吴积善，等. 泥石流及其综合治理[M]. 北京：科学出版社，1993.
[30] 康志成，李焯芬，马蔼乃，等. 中国泥石流研究[M]. 北京：科学出版社，2004.
[31] 刘宁，程尊兰，崔鹏，等. 堰塞湖及其风险控制[M]. 北京：科学出版社，2013：2-3.
[32] 丁良平. 高速铁路长大隧道列车火灾安全疏散研究[D]. 上海：同济大学，2008.
[33] 杨志华. 悲情警示 1999 年法国勃朗峰隧道火灾[J]. 安全生产与监督，2014（10）：55-58.
[34] 陆译. 勃朗峰隧道火灾[J]. 劳动保护，2006（10）：66-69.
[35] 刘伟，袁学勘. 欧洲公路隧道营运安全技术的启示[J]. 现代隧道技术，2001（1）：5-10.
[36] 王明年，于丽，李琦，等. 高速铁路隧道防灾疏散救援技术研究综述[J]. 隧道与地下工程灾害防治，2019，1（2）：13-23.
[37] 王明年，张建斌，邓涛，等. 送风井位于隧道中部的半横向分区段通风特性研究[J]. 铁道科学与工程学报，2019，16（4）：976-983.
[38] 罗欣宇. 双洞铁路隧道紧急救援站半横向通风排烟技术研究[D]. 成都：西南交通大学，2016.
[39] 赵东平，王峰，余颜丽，等. 铁路隧道火灾事故及其规模研究综述[J]. 隧道建设，2015，35（3）：227-231.
[40] 于丽. 终南山特长公路隧道火灾模式下通风设计和控制技术研究[D]. 成都：西南交通大学，2009.
[41] 闫治国，杨其新，王明年，等. 火灾工况下公路隧道竖井通风模式试验研究[J]. 土木工程学报，2006（11）：101-106.

[42] 周仁强. 长大公路隧道火灾模式下通风及控制技术研究[D]. 成都：西南交通大学，2006.

[43] 吴倩. 箱型桥梁火灾损伤分析[D]. 南昌：南昌航空大学，2019.

[44] 秦智源. 油罐车火灾全过程钢板组合连续梁力学行为研究[D]. 西安：长安大学，2019.

[45] 杨珍珍. 基于模糊贝叶斯网络的城市桥梁火灾风险评价研究[D]. 兰州：兰州交通大学，2019.

[46] 余江，李新勇，林辉. 公路钢桥防火措施选择一般方法研究[J]. 公路交通科技（应用技术版），2012，8（12）：245-248.

[47] 何玲玲. 防火涂层混凝土箱梁火灾温度场分析[D]. 西安：长安大学，2014.